탈북자,
그들도 대한민국 국민?

박주현 저

장지사

이 책을 河恩 張鐘鉉 박사에게 드립니다.

프롤로그

지금까지 남한에 입국한 북한이탈주민은 얼마나 될까? 2015년 기준 누계로 28,796명이며, 2016년 6월 현재까지 입국자는 대략 29,500명을 조금 넘었을 것으로 추정된다. 1990년 중반부터 매년 수십 명씩 남한에 입국하기 시작한 북한이탈주민은 2002년부터 매년 1,000명을, 2006년부터는 매년 2,000명을 넘었다. 그러다가 2012년부터는 다시 매년 1,500명 정도로 줄어들었다. 이렇게 입국자 숫자가 줄어든 큰 이유는 중국 정부의 대대적인 북한이탈주민 색출 작업과 김정은 체제 등장 이후 북한의 단속 강화로 이해된다.

북한이탈주민의 조기 정착을 돕기 위해 정부에서는 주택 제공, 진학 및 학비 지원, 의료 지원, 취업 알선 등 각종 지원 정책을 시행하고 있다. 그러나 모 종편방송 프로그램인 "이제 만나러 갑니다." 등에서 볼 수 있듯이 이들의 남한생활은 기대만큼 절대 녹녹하지 않다. 폐쇄되고 억압된 사회주의에서 살아온 이들은 적자생존의 논리가 지배하는 남한사회의 무한경쟁 속에서 취업 등의 사회생활을 하기가 어렵다.

북한이탈주민은 우리가 이해하기 어려울 만큼 수많은 난관을 거쳐 남한으로 오게 된다. 그런데 그들이 목숨 걸고 희망의 땅이라고 찾아온 남한에서의 삶이 그리 평탄치 않다. 대부분 북한에 있을 때 제대로 먹지 못해 건강상태가 좋지 못하며, 두고 온 부모 · 형제 때문에 죄책감과 외로움에 시달리고 있다. 그뿐만 아니라 탈출 과정에서 부모 · 형제는 물론 다른 사람의 주검을 목격하여 이로 말미암은 외상 후 스트레스 장애(PTSD)로 매우 힘들어하고 있다. 또한, 남한 사회의 사회적 편견과 차별, 냉대와 무관심 등으로 우리가 생각하는 것보다 훨씬 많은 어려움을 겪고 있다.

북한이탈주민은 우리가 생각했던 그러한 사람들이 아니다. 물론 남한 사람들도 북한이탈주민이 생각했던 그런 사람, 즉 미 제국주의 식민지로 '미국에 빌붙어서 먹고 사는 거지들' 혹은 모두가 텔레비전 드라마에 나올 법하게 부유하고 행복한 그런 사람이 아니다. 분단 이후 남과 북은 각자의 체제에 맞는 인간, 즉 북한은 김일성과 김정일, 그리고 대를 이은 김정은에 충성하는 주체형 인간을, 남한은 자유민주주의 체제에 적합한 민주시민을 만들려고 노력해왔다. 그 결과 남과 북은 사상적 · 감정적 · 정서적 · 종교적 등 여러 측면에서 엄청난 차이가 있다. 그래서 북한이탈주민이 교회를 포함한 남한 사회에 잘 정착하지 못하고 있다.

기독교복지란 기독교의 근본정신인 이웃 사랑과 봉사와 헌신을 통해서 사회적 소수자의 물질적 · 정신적 · 신체적 · 종교적 고통을 양적 · 질적으로 완화시키고, 생활상의 어려움을 개선시켜 줌으로써, 그들의 삶의 질을 향상시키고 성경적 정의를 실천하며, 상실된 하나님의 형상을 회복시키려는 기독교인들의 제도적인 노력이자 가치체계라 할 수 있다.

이러한 기독교복지는 교회라는 큰 틀에서 실천되어야 한다. 북한이탈주민은 북한을 탈출하여 중국이나 제3국을 거치는 동안 선교사들을 통해 기독교를 접한 경험으로 말미암아 남한 입국 초기에 대부분 자신의 종교를 기독교라고 말한다. 그러나 남한 정착 기간이 길수록 교회를 떠나는 비율이 높아지고 있다. 이는 결국 한국 교회가 그들을 잘 수용하지 못하고 있음을 말한다. 즉 기독교복지의 실천이 제대로 이루어지지 못함을 뜻한다.

남한의 많은 교회는 북한의 문이 열리면 무너진 북한 교회를 재건하겠다는 원대한 계획은 가지고 있는 것으로 보이나, 정작 기독교복지의 실천 대상 중의 하나인 북한이탈주민에 대해서는 관심이 부족한 것 같다. 북한이탈주민이 같은 민족이긴 하지만, 그들의 사고와 행동은 남한 사람들과는 너무나 다르다. 국내 체류외국인 190만여 명인 다문화 사회에서 남한 사람들은 외국인들보다 북한이탈주민으로부터 오히려 더 많은 문화적 이질감을 느낄 것이다. 따라서 이 책에서는 북한이탈주민의 남한사회 적응과 그들의 권리인 인권에 대해서 깊이 살펴볼 것이다. 그리고 이주민을 위한 하나님의 가르침을 이해하고, 북한이탈주민에게 기독교복지를 실천하여 궁극적으로 통일 이후 북한 주민의 복음화에 이바지하는 데 일익을 담당할 수 있는 계기를 제공하고자 한다.

이제 한국 교회는 북한이탈주민에게 단순히 물질만 베푸는 것으로 기독교복지의 실천을 다했다는 안일한 생각에서 벗어나야 할 것이다. 장기적인 측면에서 통일을 염두에 두고 그들을 올바르게 이해하려는 노력이 중요하다. 우리가 바라는 통일은 우리 민족이 나뉘어 서로 다른 체제에 속해 살면서 형성된 적대적인 관계를 극복하고, 하나의 민족공동체를 이루어 조화롭게 살아가는 것이다. 남과 북의 주민이 사회 · 심리적으로 하나의 민족, 하나의 국민이라고 느낄 때

비로소 진정한 통일이 이루어졌다고 말할 수 있다. 이처럼 큰 틀에서 한국 교회가 통일된 대한민국을 위해 어떻게 기독교복지를 실천할 것인가에 대해 깊이 고민하기를 기대한다.

2016년 6월

학교법인 백석대학교
건학 40주년(Since 1976)을 기념하여

▲ 2002년 한 탈북자 가족이 중국 내 제3국 대사관으로 진입하는 모습

자료 : http://search.daum.net/search?w=img&nil_search=btn&DA=NTB&enc=utf&q=%ED%83%88%EB%B6%81%EC%9E%90

차례

제1장

북한이탈주민과 남한 생활

제1장 북한이탈주민과 남한 생활

1. 북한이탈주민과 관련 용어의 개념

1990년대 중반부터 북한의 심각한 경제난으로 말미암아 조선민주주의인민공화국(이하 "북한"이라 한다.)을 이탈하여 대한민국(이하 "남한"이라 한다.)으로 들어오는 주민이 늘어나자 탈북자라는 용어가 본격적으로 사용되기 시작했다[1]. 1994년에 처음 쓰인 '탈북자(脫北者)'는 법률상 용어로 1997년부터 쓰인 '북한이탈주민(北韓離脫住民)'을 대신해서 그동안 널리 써오던 용어인데 2004년 통일부에서 국민의 의견수렴을 거쳐서 공식 선정한 것이다. 그러나 남한 일각에서는 탈북자라는 용어가 어감이 부정적으로 인식될 수 있으므로 다른 용어로 바꾸어야 한다는 의견이 나왔다. 이에 따라 2005년 1월 9일 통일부는 남한 거주 탈북자를 순화 용어인 '새터민(-民)'으로 바꾼다고 발표했다. 이 말은 '새로운 터전에 정착한 주민'이라는 의미로 해석할 수 있다.

그리하여 일부 언론에서 이 용어를 그대로 받아 사용하였으나, 2007년 4월 탈북자와 민주인사 모임인 북한민주화위원회는 통일부 등 정부기관과 언론사 등에 '새터민' 용어 사용 중지를 요구하는 공문을 발송했다. 위원회 측은 "'새터민'이란 용어는 먹을 것을 찾아 새 땅을 찾는 '화전민'을 연상케 한다."면서 "탈북자들은 단순히 먹을 것

---

1) 1948년 9월 9일 한반도의 북위 38°선 이북지역에 공산주의를 표방하며 설립한 정치집단의 공식 명칭은 조선민주주의인민공화국(The Democratic People's Republic Of Korea)이다. 이를 우리는 보통 북한 또는 조선이라고 부르고 있다. 이 책에서는 편의상 조선민주주의인민공화국을 북한, 대한민국을 남한이라고 부르기로 한다.

을 찾아 대한민국에 '새터'를 찾은 것이 아니라 대한민국 국민과 김정일 정권을 무너뜨려 북한의 민주화를 이루기 위해 이 땅에 정착했다."고 주장했다. 다시 말하면, '새터민'은 김정일 정권을 반대하는 탈북자들의 정치적 색채를 무시하고 탈북자들을 단순히 먹고살기 위해 사는 사람들로 비난할 우려가 있어 부적절하다는 것이다. 위원회는 이어 "4월 10일 21개 탈북자 단체와 500여 탈북자들이 참여한 북한민주화위원회 창립대회에서 모든 탈북자는 '새터민' 용어 거부를 만장일치로 결의하였다."며 "통일부는 쓸데없이 탈북자 이름에나 신경 쓰지 말고 그 시간에 북한 인권문제에 많은 관심을 가졌으면 한다."고 강조했다(세계일보, 2007. 4. 16.).[2] 또 남한 사회 일부에서도 낱말의 의미가 탈북자는 북조선을 이탈한 주민을 포괄하는 용어인데 견주어, 새터민의 뜻은 아직 남한에 정착하지 못하고 해외에 흩어져 있는 탈북자들을 아우르지 못하기 때문에 용어 정의에도 문제가 있을 수 있다고 지적했다.

그래서 '북한이탈주민'이라는 용어가 '탈북자'의 대체어로 사용되고 있다. 그러다가 2008년 11월 21일에 통일부는 될 수 있으면 새터민이라는 용어를 쓰지 않겠다고 발표했다. 북한이탈주민이란 북한에서 이탈하여 남한으로 망명한 주민을 가리킨다. 북한이탈주민은 남한 법률상 용어로, 북한에 주소 · 직계가족 · 배우자 · 직장 등을 두고 있는 사람으로서 북한을 벗어난 후 남한 이외의 국적을 취득하지 않은 사람을 뜻한다.[3] 따라서 이 책에서는 북한을 이탈하여 남한

2) 세계일보, (2007. 4. 16.), '북한민주화위원회 "새터민 용어 쓰지 맙시다."'

3) 북한이탈주민의 보호 및 정착지원에 관한 법률 제2조에 의하면, 북한이탈주민이란 군사분계선 이북지역에 주소, 직계가족, 배우자, 직장 등을 두고 있는 사람으로서 북한을 벗어난 후 외국 국적을 취득하지 아니한 사람을 말한다.

에 입국한 사람은 북한이탈주민으로 부르고, 남한에 입국한 북한이탈주민을 포함하여 외국에 체류 중인 모든 탈북 주민을 호칭할 때는 북한이탈주민과 탈북자라는 용어를 혼합하되, 문맥상 무리가 없으면 가능한 북한이탈주민이라는 용어를 사용한다.[4)]

4) 이러한 취지에서 이 책에서는 이후에 등장하는 동독 탈출자를 동독이탈주민으로, 베트남 탈출자를 베트남이탈주민으로 통일하여 사용한다.

남한에서 북한이탈주민을 가리키는 용어는 [표 1-1]과 같이 몇 차례 바뀌었다.

연도 및 기간	용어
1993년 이전	귀순자(歸順者), 귀순용사(歸順勇士)
1994 ~ 1996년	탈북자(脫北者), 귀순북한동포(歸順北韓同胞)
1997 ~ 2004년	탈북자, 북한이탈주민(北韓離脫住民)
2005 ~ 2008년	새터민(-民), 북한이탈주민
2008년 이후	북한이탈주민, 탈북자

[표 1-1] 북한이탈주민을 가리키는 용어

2. 탈북자의 탈북 경로 및 규모

병사(군인 계급) 중 일부는 휴전선을 직접 통해 탈북하는 경우도 있지만, 위병이나 엄중한 경계 태세, 고압 전선, 지뢰 등으로 도중에 목숨을 잃는 경우가 많아서 주요 경로는 아니다. 어선을 이용한 집단 망명도 6 · 25전쟁 직후에 빈번했다가 자취를 감추었지만 1990년대 중반에 증가했다.

많은 수의 탈북자는 국경을 넘어 중화인민공화국(이하 "중국"이라 한다.) 옌볜 조선족 자치주로 탈출하는 방법을 쓴다. 중국과 북한의 국경에는 국경 경비대 소속 군인들이 있지만, 뇌물 등을 건네주고 경비병의 눈을 속여서 탈출하는 사람이 많다. 대체로 두만강을 건너서 옌볜 조선족 자치주로 숨어서 들어간다. 그러나 중국은 북한 정부와의 관계를 중시하여 탈북자를 난민으로 인정하지 않고 발견하는 대로 불법 입국자로서 투먼(Tumen)과 훈춘(Hunchun)에서 북한으로 돌려보내는 협정을 이행하고 있어 탈북자는 중국에 체류하는 동안 숨어 지낸다. 적발될 때에는 북한으로 돌려보내지며, 초범은 노동이나 사상 개조, 재범은 사형되는 경우도 있다. 중국 잠입에 성공한 사람의 일부는 남한의 지원을 받거나, 각국 대사관이나 외국인 학교로 도망쳐서 도움을 요청한다. 그 후 대부분이 남한으로 망명한다. 일부 탈북자는 당성을 인정받아 구 공산주의국가인 일부 동유럽 국가들로 유학을 하고 있는 도중 탈북을 하는 경우도 있다.

함경북도 무산군 남산로 동자구는 두만강을 도강하여 중국으로 탈북하기가 가장 쉬운 곳으로 알려져 보위부나 보안서의 집중 감시 구역이 되어 있어서, 5분에 한 번씩 보위부가 초음파탐지기를 실은 트럭을 운용하며 중국 등 외부와의 전화 교신을 탐지한다고 알려져 있다.

예전에 몽골이 민주주의 체제로 변경된 뒤 이 경로로 탈북하는 탈북자가 가장 많았다. 그러나 몽골의 사막을 걷는 데 얼마나 걷게 될지 모르는 데다가 최근에는 국경 부근에서 중국 측의 적발이 엄격해지고 있어서 요즘은 아주 간혹 사용하고 있는 경로이다. 중국에서 오래 숨어있지 않고 통과만 한 뒤 동남아시아 국가들을 거쳐 제3국으로 망명하는 사람이 증가하고 있다. 그러나 몇몇 동남아 국가도 탈북자를 받지 않으며 베트남의 경우 2004년 북한의 항의를 받은 뒤 루트가 막힌 상태다. 라오스를 통한 탈북의 경우 그동안 남한에 협조적이었으나 2013년 라오스 탈북청소년 북송 사건이 일어나 막히는 것이 아닌가 하고 있다. 그러나 사건이 있었던 이후에도 많은 탈북자가 라오스 탈북 루트를 쓰고 있으므로 루트가 막힐 가능성은 많지 않은 것으로 보인다. 간혹 미얀마, 인도 또는 구 소비에트 연방 구성 국가인 카자흐스탄, 러시아 등으로 오는 경우도 있으나 매우 드물다.

남한, 일본 등을 비롯한 국가들에는 탈북자를 지원하는 단체가 여럿 있다. 이 중에는 '두리하나선교회', '모퉁이돌선교회' 등과 같은 기독교 선교 단체도 있으며, 일본 내의 대표적 북한 인권 단체로는 'RENK'(구출하자! 북한 민중 긴급행동 네트워크)를 들 수 있다. 이들 단체는 탈북자와 접촉하고 대사관이나 외국인 학교로 뛰어들기를 준비하는 한편, 탈북자 지원의 중요성을 알리기 위해 그 모습을 텔레비전 카메라로 촬영하고 남한이나 외국 미디어에 제공하는 경우가 많다. 선교 단체의 경우 탈북자를 전도한 뒤 다시 북한으로 돌아가서 전도 활동을 하도록 돕기도 한다. 중국의 공안 당국은 이런 활동을 경계하고 중국 내에서 활동하는 지원 단체를 적발하고 있다.

외국에 체류 중인 탈북자는 대부분 불법체류라는 불안정한 신분 탓에 은신하거나 일정한 주거지 없이 방황하고 있어 그 규모를 정확히 파악할 수 없다. 관련 통계는 공식 집계가 아니라 탈북자의 수기 및 면담 등을 근거로 발표되기 때문에 정부 당국과 비정부기구(NGO)의 추정치는 큰 차이를 보인다. 중국 정부는 자국 내의 탈북자를 1만 명 이하로, 남한 정부는 2~3만 명으로, 유엔난민고등판무관사무소(UNHCR)[5)]는 3만 명 정도로 추정한다. 그런데 민간단체에서는 적게는 5만 명, 많게는 30만 명까지 체류하고 있다고 주장한

5) UNHCR(the Office of the United Nation High Commissioner of Refugee)은 1951년 1월에 발족한 UN의 산하기구로 국내 · 국제분쟁이나 재해에 의한 난민의 보호, 구제, 자발적 귀국 등의 알선을 한다. 자금은 각국의 기부금으로 된 난민긴급기금에서 지불된다. 1979년 봄 이후의 인도차이나 난민유출로 이 사무소의 활동이 활발해졌다. 우리나라에서는 1986년 10월 서울 아시안게임에서 이탈한 이란 역도선수 4명을 유엔난민고등판무관사무소의 중개 아래 노르웨이로 출국시킨 바 있다. 본부는 제네바에 있다.

다. 이처럼 최소 1만 명에서 최대 30만 명까지 큰 차이를 보이지만, 일반적으로 관련 학계에서는 10만 명 정도가 중국에 체류 중일 것으로 본다. 이와는 별도로 2010년까지 일본에 정착한 탈북자는 대략 100명 이상이며, 이스라엘로 망명하여 정착한 사례도 있다.

3. 북한이탈주민 입국 현황 및 남한 생활

6 · 25전쟁 발발 직후부터 여러 이유로 북한 주민이 남한으로 탈출해 왔다. 이들의 탈북 배경은 북한의 정치적 · 사회적 문제와 밀접한 관계가 있다. 초기에 북한을 탈출해 남한에 망명해 오는 사람은 대부분이 정치적인 이유로 탈출한 사람들이었다. 이들은 제3국을 거치지 않고 남한으로 직접 귀순하였다. 특히 공군 조종사의 귀환은 "귀순용사"로 칭하여 남한 정부에서 대대적으로 선전되었다.

1970년대 후반에 들어 남한의 급속한 경제성장으로 말미암아 남북의 경제격차가 역전되고 대조적으로 북한에서는 만성적인 경제난이 계속되면서 이후 북한이탈주민의 성격은 정치적인 망명에서 경제난민의 성격으로 점차 바뀌게 되었다.

이러한 흐름은 1990년대 중반에 들어 북한에서 대규모 자연재해 · 수해와 한발의 발생으로 말미암은 심각한 식량난으로 가속화되었고, 2000년대 초반에 들어서는 그 전과 다르게 대규모 인원의 탈북이 감행 된다. 현재까지의 북한이탈주민 중 가장 고위급 인사는 북한의 당비서를 지낸 바 있는 황장엽이다. 그 외 대표적 인물로 최현미 선수를 들 수 있겠다.

남한에 입국한 북한이탈주민의 규모는 1950년부터 1989년까지 누계 607명이었다. 또한, 1993년까지 누계 641명이었으나 1994년부터 그 수가 꾸준히 증가하여 1999년에는 누계 1,000명을 넘겼다. 이후 급속히 증가하여 2007년 누계 10,000명을 넘겼고, 2015년에는 누계 28,796명이며, 2016년 6월 현재 대략 29,500여 명으로 추정된다. 이처럼 남한으로 망명하는 북한이탈주민은 급증하고 있으며, 2010년 12월에 위키리크스(WikiLeaks)[6]가 공개한 기밀문서를 통해 외국에 파견한 북한 외교관들도 남한에 망명하였음이 알려졌다.

연도	1989년 까지	1990	1991	1992	1993	1994	1995
입국자 (명)	607	9	9	8	8	52	41
연도	1996	1997	1998	1999	2000	2001	2002
입국자 (명)	56	86	71	148	310	586	1,142
연도	2003	2004	2005	2006	2007	2008	2009
입국자 (명)	1,285	1,898	1,384	2,028	2,554	2,803	2,914
연도	2010	2011	2012	2013	2014	2015	계
입국자 (명)	2,402	2,706	1,502	1,514	1,396	1,277	28,796

[표 1-2] 북한이탈주민의 남한 입국 현황

자료 : 통일부 홈페이지(http : //www. unikorea.go.kr/main.do) 통계자료 편집

6) 위키리크스(WikiLeaks)는 익명의 정보 제공자가 제공하거나 자체적으로 수집한 사적 정보 또는 비밀, 미공개 정보를 공개하는 국제적인 비영리기관이다. 위키리크스에서는 조직의 설립자들을 중화인민공화국의 반체제 인사와 기자, 수학자, 그리고 미국, 중화민국, 유럽, 오스트리아, 남아프리카 공화국에서 활동하는 벤처기업 기술자들로 밝히고 있지만, 오스트레일리아의 인터넷 활동가인 대표 줄리언 어산지(Julian Assange) 외에는 알려진 바가 없다.

2014년 기준으로 국내 입국 북한이탈주민의 연령은 30대(30%)와 20대(28%)가 58%를 차지했고, 학력은 중학교(구 고등중) 졸업이 70%로 절대적으로 많았으며, 그다음으로 전문대 졸업이 9%였다. 북한에서의 직업은 무직(48%), 노동자(38%)가 많았다. 1998년까지 12%, 2002년까지 55%이던 여성 입국자의 비율은 꾸준히 증가하여 2014년 누계로 70%에 이른다. 북한에서의 출신지역은 함북(64%), 양강(12%), 함남(9%) 순으로 많다. 남한에서의 거주는 경기(29%)와 서울(27%)이 56%를 차지하고, 다음으로 인천(9%), 충남 · 세종(4%), 경북(4%) 순으로 많다.[7)]

국내에 거주하는 북한이탈주민은 일반 국민보다 일은 많이 하면서도 소득은 적은 것으로 나타났다. 실업률도 일반 국민의 2배로 높고, 일용직 근로자 비율은 3배 이상 높았다. 이처럼 경제적 어려움을 겪고 있지만 북한이탈주민 절반 이상이 남한 생활에 만족하는 것으로 조사됐다. (국민일보, 2015. 2. 10.)[8)]

통일부와 북한이탈주민지원재단(남북하나재단)은 2013년 12월까지 국내에 들어온 만 15세 이상 북한이탈주민 1만 2,777명을 대상으로 실태조사를 시행했다. 조사결과에 따르면, 북한이탈주민 임금근로자의 월평균 소득은 147만 1,000원으로, 남한의 일반 국민 평균 월급(223만 1,000원)의 3분의 2에도 못 미쳤다. 북한이탈주민 평균 재직 기간이 19개월로 일반 국민(67개월)보다 크게 짧은 것도 소득 차이에 영향을 미쳤다. 반면 이들의 주당 평균 근로시간(47.0시간)은 일반 국민(44.1시간)보다 3시간가량 많았다.

7) 통일부(http : //www.unikorea.go.kr) 통계자료.

8) 국민일보(http : //www.kmib. co.kr), (2015. 2. 10.), '탈북민, 일은 더하고 월소득 76만원 적어,' 조성은 기자.

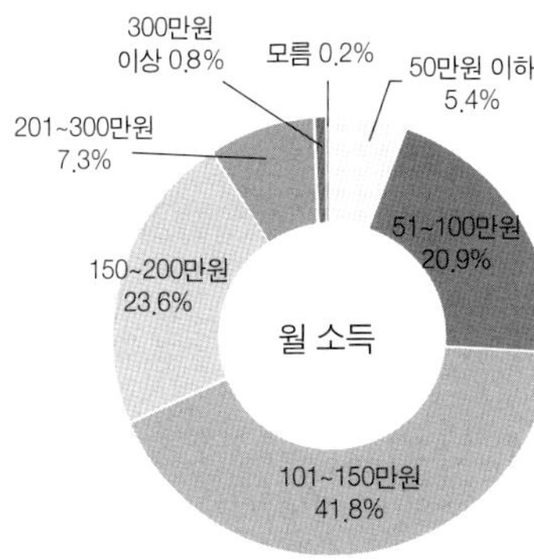

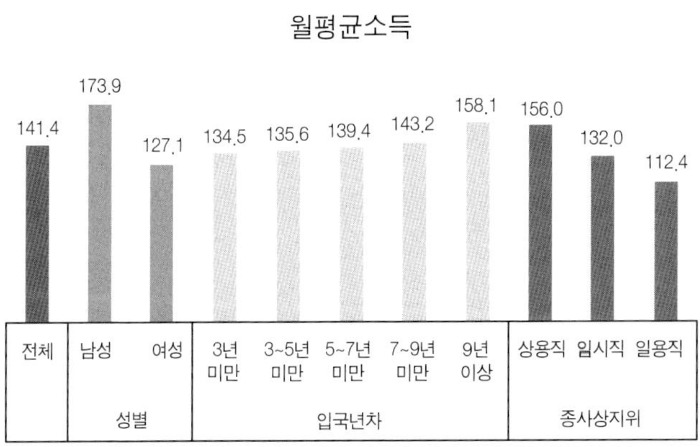

[그림 1-1] 북한이탈주민 임금근로자 월평균 소득

자료 : 국민일보(http://www.kmib.co.kr), (2015. 2. 10), '탈북민 일은 더 하고 월소득 76만원 적어,' 조성은 기자.

고용률(53.1%)과 실업률(6.2%)도 2013년(각각 51.4%, 9.7%)보다 약간 호전되긴 하였지만, 일반 국민(고용률 60.8%, 실업률 3.2%)보다는 저조했다.

고용형태별로는 상용직(53.2%), 일용직(19.8%), 임시직(15.9%), 자영업(6.1%) 등의 순이었다. 일용직 비중이 일반 국민(6.1%)보다 3배 이상 높았고 자영업 비중은 10.1% 포인트 낮았다. 직업 유형은 단순노무(32.6%), 서비스업(23.1%), 기능직 및 관련 종사자(12.2%), 사무직(8.3%) 등으로 조사돼 상당수가 전문성을 얻기 어려운 직종에 종사하고 있었다. 이처럼 어려운 상황에서도 북한이탈주민의 67.6%가 '남한 생활에 만족한다'고 답했다. 만족한 이유로는 '내가 하고 싶은 일을 할 수 있어서'(47.4%) '북한보다 경제적으로 여유가 생겨서'(42.3%) 등의 답변이 많았다.

지난 1년간 북한 출신이라는 이유로 차별이나 무시를 당한 경험이 있다는 응답은 25.3%로 집계됐다. 그 이유로는 '말투 등 문화적 소통방식이 달라서'(68.6%), '탈북자에 대한 부정적 인식'(42.6%), '남한 사람보다 능력이 부족하다고 여겨져서'(19.2%) 순이었다.

제2장
다른 나라의 탈출 이주민 이해

제2장 다른 나라의 탈출 이주민 이해

1. 동독이탈주민

1990년 독일 통일 이후 다양한 형태의 남북한 통합 논의가 본격적으로 진행되어 왔다. 급증하는 북한이탈주민의 남한 사회 정착 문제는 남북통일 과정이나 통일 후 예상되는 많은 사회문제에 대한 기초자료를 제공할 수 있을 뿐만 아니라 예비 실험의 성격도 지니고 있다. 또한, 그들의 국내 정착 지원 문제는 장기적인 안목에서 준비해야 할 통일의 한 과정으로서 접근하여야 할 것이다.

동독이탈주민이란[9] 일반적으로 동독 정부의 허가를 받아서, 혹은 받지 않고 동독 지역을 이탈해 서독 지역으로 이주한 사람들을 말한다. 동독은 1949년 분단된 이후 통일노동당의 주도하에 올브리히트 정권(1949 ~ 1971)과 호네커 정권(1971 ~ 1990)이라는 2개의 정권에 의해 유지되었다. 올브리히트 정권 당시 발생한 동독이탈주민은 총 298만 5,633명이었고, 이 중 1961년 베를린 장벽(Berliner Mauer)[10]이 세워지기 전에 이주한 동독이탈주민은 268만 6,942명이었다. 즉 1949년부터 1961년까지 매년 13만 명에서 33만 명의 동독주민이 서독으로 이주했는데, 이는 1949년 동독 인구를 기준으로 볼

9) 앞에서도 언급한 것처럼 이 책에서 북한 탈출 이주민을 북한이탈주민으로 부르기로 한 것처럼, 동독 탈출 이주민을 동독이탈주민, 베트남 탈출 이주민은 베트남이탈주민이라고 부르기로 한다.

때 14%에 해당하는 수치다. (김태영, 2003)[11]

독일 통일 이전의 동독이탈이주민은 그 이주 형태에 따라 합법 이주민, 불법 탈출 이주민, 외국으로부터의 귀향자 등으로 구분할 수 있다. 이는 북한이탈주민과 러시아, 중국 등 재외 동포들의 국내 이주 문제와 매우 유사하다는 점에서 중요한 의미가 있다. 독일의 합법 이주민과 불법 탈출 이주민의 구분은 베를린 장벽의 건설로 그 의미를 지니게 되었다.

서독 정부의 동독이탈주민 수용 정책은 동포로서 서독 생활에 적응시키는 데 중점을 두었다. 서독 연방 내무성 산하 연방행정청은 동독이탈주민의 수용 및 정착을 지원하기 위해 이주신청서의 심사 및 허가서 발급, 이주민의 입국 절차, 수용소 건립 및 관리를 비롯해 탈출 주민의 지역별 분배 등의 업무를 수행하였다. 특히 국경 부근에 4개의 연방수용소를 건립해 동독이탈주민의 등록, 간이 건강

---

10) 1949~1961년 250만 명에 달하는 동독의 기술자 · 전문직업인 · 지식인들이 서독행을 택함으로써 동독의 경제력은 막대한 피해를 입게 되었고, 그 결과 동독 인민회의의 결정으로 1961년 8월 12일 밤 서베를린으로 통하는 모든 가능성을 봉쇄하기 위한 장벽이 설치되었다. 철조망과 블록으로 이루어진 장벽은 기관총 초소와 지뢰지역이 설치된 5m 높이의 콘크리트 장벽으로 대체되었으며 1980년대에는 고압선과 방어진지들이 45㎞에 걸쳐 구축되어 베를린 시를 양분하고 서베를린 주위로도 120㎞의 장벽이 축조되었다. 베를린 장벽은 오랜 기간 동안 동 · 서 냉전의 상징물인 것처럼 인식되어 왔다. 약 5,000명의 동독인이 다양한 방법으로 장벽을 가로지르는 데 성공했으나 다른 5,000여 명은 공산당국에 체포되고 말았으며, 191명의 동독인들이 장벽을 넘다가 발각되어 사살되었다. 1989년 10월 동유럽의 민주화로 동독의 강경보수 지도부가 해체되면서 11월 9일 서독과의 국경선이 개방되었고 장벽의 굳게 잠겨 있던 문도 활짝 열려 자유로운 상호방문이 가능해졌다. 28년간 독일을 동 · 서로 분단했던 정치장벽의 기능이 정지되는 순간이었다.

11) 김태영, 2003, 「동독 이전 동독이주민 유입 연구」, 이화여자대학교 석사학위논문.

진단, 숙소 제공 및 서독사회에 대한 홍보물 등을 제공하는 한편, 주 정부 재원으로 가장에게는 30마르크, 피부양자 1인당 15마르크씩을 지급했다. (박내석, 2003)[12]

서독 정부는 동독이탈주민이 입국하면 처음 2~3일간은 연방수용소에 체류하게 한 후 주정부수용소로 분산시켰다. 주정부로의 분산 수용은 주정부의 인구 규모 및 경제 사정, 개별 이주자의 연고 희망 및 정착 가능성 등을 고려한 뒤 결정하였다. 연방수용소에서 주정부 수용소까지 여행비와 이삿짐 운송비는 연방정부에서 지원했다. 이들은 주정부수용소에서 2~3일 체류한 뒤 다시 지역별로 분산 수용되었는데, 개별 주택이 마련되기 전까지는 임시 거주지에서 생활하도록 하였다. 임시 거주지의 형태는 공동 취사장이 있는 기숙사에서부터 개별 부엌이 달린 개인 혹은 다세대 주택에 이르기까지 각 주나 지방자치단체의 사정에 따라 다양했고, 수용자가 급증할 때에는 호텔 혹은 기타 유료 숙박시설을 활용하기도 했다. 각 주의 수용소에서 등록 및 임시 거주지가 결정되기까지는 약 2주, 정식 주택이 공급될 때까지는 대략 2~3년이 걸렸다. (김영윤, 2003)[13]

독일 통일 이후 전후 서독의 동독이탈주민에 대한 대책이 남한의 북한이탈주민 관련 정부의 대응 방안에 어떻게 작용할 수 있을 것인가에 대해서 여러 학자의 견해는 크게 두 가지로 나뉜다. 한편은 동독이탈주민의 문제는 북한이탈주민의 급증 사태와 큰 차이가 있을 것이라는 견해이고, 다른 한편은 동독이탈주민의 문제와 향후 예상

12) 박내석, 2003,「북한이탈주민 정착지원에 관한 연구」, 중앙대학교 석사학위논문.

13) 김영윤, 2003,「동독 이탈주민에 대한 구서독 정부의 정책」, 제2기 북한이탈주민 보호담당관 교육자료.

되는 북한이탈주민의 급증 사태의 연계성을 미리 연구해 보아야 한다는 견해이다.

1) 동독이탈주민의 문제는 북한이탈주민의 급증 사태와 큰 차이가 있어, 미리 연계성을 연구할 필요가 없다는 견해

첫째, 동독이탈주민과 북한이탈주민의 수는 비교할 수 없을 만큼 차이가 크다. 2016년 6월 현재 남한에 입국한 북한이탈주민은 2만 9천 500여 명인데, 독일은 분단 40년 동안 서독에 정착한 동독이탈주민이 510만여 명이었다. 특히 1980년대 말 서독을 방문한 동독 주민은 대략 연간 500만 명에 이른다.

둘째, 동독 주민의 탈출 현상은 서독행이 금지된 상황에서 발생했다기보다는 서독과 동독 간의 상호 방문이 허용된 상황에서 발생했다. 그런데 북한이탈주민은 남한과 북한의 상호 방문과는 아무런 관련이 없다는 점에서 큰 차이가 있다.

셋째, 동독의 붕괴는 동독 주민의 대탈출로부터 시작되었다. 그러나 북한은 대량 탈북 사태를 방지하기 위해서 탈북자들을 강제 송환해 처벌하는 등 대탈북자 강경노선을 강화하고 있다. 중국은 탈북자가 대량으로 국경을 넘어올 경우 심각한 사회 혼란을 일으킬 수 있다는 판단에 따라 국경 지역의 통제를 강화하는 한편, 이미 중국에 잠입한 탈북자들을 색출해 북한으로 강제 송환하는 등의 대응책을 강구하고 있다.

넷째, 독일의 통일 과정은 1985년 시작된 소련의 개방 · 개혁정책의 여파에 따른 동구의 자유 바람과 더불어 본격화되었다. 특히 서독은 주변 국가들과 비교할 때 강대국이었으나, 우리의 주변에는 사회주의 강대국인 중국이 건재하게 버티고 있다. (신창대, 2005)[14)]

2) 동독이탈주민의 문제와 향후 예상되는 북한이탈주민의 급증 사태의 연계성을 미리 연구해 보아야 한다는 견해

첫째, 동서독은 분단된 시기에도 지속해서 인적 · 물적 교류를 활성화하였다. 분단 시기 동서독의 인적 교류는 양국 간의 정치 · 사회 · 경제적 상황에 따라 많은 굴곡을 겪었다. 그러나 양적 · 질적 측면에서 확대 · 발전해왔다. 특히 1970년대 초 동서독은 상호 접근을 통한 변화를 표방하면서 전반적인 인적 교류의 활성화를 가져왔고, 1980년대에는 정치적이고 이념적 성격인 사회 · 문화 협상까지 진전을 보았다. (김학성, 1996)[15)] 이처럼 동독과 서독 간의 장기적인 인적 · 물적 교류는 통일 후 사회 통합을 이루는 데 상당한 이바지를 한 것으로 평가된다. 이러한 사실은 남북 간 인적 · 경제 교류가 가속화되어 남북한 간의 경제와 생활수준의 격차를 최소화해야 한다는 것을 보여준다.

둘째, 서독 정부는 동독이탈주민에 대해서 단일 국적제도를 통해

14) 신창대, 2005,「대량탈북이 안보에 미치는 영향 및 대비방향」, 중앙대학교 석사학위논문.

15) 김학성, 1996,「동서독 인적교류 실태보고」, 민족통일연구원.

이들을 전면 수용하고 신변보호에 만전을 기하였다. 서독의 동독이탈주민 정책은 법적 근거를 보완하고 동포애적 차원에서 전개되었다. 1989년 베를린 장벽이 철거되면서 수많은 동독 주민이 서독으로 이주하자, 1990년 7월 긴급수용법을 제정해 동독이탈주민에 대한 종합적이고 체계적인 지원정책을 전개하였다. 특히 서독은 연방정부 차원에서 동독이탈주민의 정착을 지원하기 위한 재정 및 정치 지원 업무를 수행하기 위해 각 지원단체 간의 정보 교환 등 상호 밀접한 업무 연계를 지원하였다. (박진, 2001)[16)]

셋째, 서독의 동독이탈주민 정책은 단기적인 초기 정착 지원의 성격을 지니고 있었다. 북한이탈주민이 새로운 사회에 성공적으로 정착하도록 하기 위해서는 특별한 정책이 필요하다. 특별 지원은 단기적 측면에서 상당한 비용 지출 및 기존 주민과의 형평성 문제가 제기될 수 있다. 그러나 장기적인 측면에서 북한이탈주민의 생산적 정착에 이바지함으로써 궁극적으로는 경제 · 사회적으로 긍정적인 효과를 기대할 수 있다.

넷째, 서독 정부는 동독이탈주민 사태와 관련해 주변국들과의 외교적 마찰을 차단하기 위해 노력했다. 소련의 페레스트로이카(개

16) 박 진, 2001,「북한이탈주민의 남한사회 적응에 관한 연구」, 국방대학원 석사학위논문.

혁)와 글라스노스트(개방)[17]의 영향으로 일부 동독인이 1989년 여름 헝가리나 오스트리아를 거쳐 서독으로 탈출하기 시작했다. 동독 정부의 개혁 · 개방으로 1989년 1월부터 10개월간 동독이탈주민은 약 16만 7,000명에 이르렀다. 이후 동독은 내각의 전면 개편을 통해 1989년 11월 9일 모든 국경과 베를린 장벽의 개방은 물론 여행자유화 정책 등을 펼쳤다. 이러한 점은 폐쇄적인 북한 체제를 개혁 · 개방으로 유도하여야 함을 시사한다.

2. 베트남이탈주민

베트남이탈주민의 발생 배경은 다음과 같이 세 가지 유형으로 구분할 수 있다.

첫째로 남부 베트남의 패망으로 정치적 베트남이탈주민이 탄생

17) 페레스트로이카는 1985년 소련 공산당 서기장으로 선출된 고르바초프가 추진한 소련의 정치 · 경제 · 사회 · 외교 분야에서의 개혁 정책을 말한다. 페레스트로이카는 '고쳐 세운다.' 또는 '낡은 체제를 고친다.'라는 뜻이며, '국가 정책의 개혁'이란 의미로 널리 사용된다. 페레스트로이카 정책은 소련 최초의 민주화 시도였으며, 개방을 확대하자는 주장은 '글라스노스트' 라고 한다. 글라스노스트는 정부가 가진 정보의 일부를 공개하고 언론 통제를 완화하는 정책을 이른다. 글라스노스트 정책은 소련사회 전반에 해빙 무드를 조성했다. 러시아인 공무원과 반대론자들은 글라스노스트 정책이 소련사회의 문제점을 공공연히 러시아인에게 책임 지우고 처벌을 하려는 것으로 보고 이를 반대했다. 표현의 자유와 알 권리가 크게 확장되었고, 언론은 보도와 현실비판에 있어서 전에 없는 자유를 구가했다. 신문의 사설은 위축된 경기에 대한 불만과 이런 상황을 바로잡지 못하고 있는 정부의 무능함을 꼬집었다. 정부당국은 스탈린주의 독재체제와 영원한 결별을 선언하기에 이르렀다.

하였다. 오랜 내전 끝에 1975년 4월 30일 친미 세력인 남부 베트남의 티우 정권이 붕괴되고 공산화되자 수많은 남부 베트남인은 정치적 박해를 피해 대탈출을 시도했다. 이들 중 일부는 철수하는 미군을 따라 서방으로 탈출했지만, 대다수는 국경을 넘거나 배를 타고 베트남을 탈출함으로써 1979년 7월까지 20만 명 이상의 대량 베트남이탈주민이 발생하였다. 동남아시아 국가로 탈출한 다수의 베트남이탈주민은 유엔난민고등판무관사무소(UNHCR)의 도움으로 망명권을 획득해 미국, 호주, 캐나다, 프랑스, 영국, 독일 등의 서방 국가에 정착할 수 있었다.

둘째로 중국이 베트남을 침공함으로써 베트남이탈주민이 탄생하였다. 1979년 베트남이 캄보디아 내전에 개입해 캄보디아를 침공하자, 중국이 베트남을 응징하는 과정에서 중국계 북부 베트남인 25만 명 정도가 중국으로 탈출하는 사태가 발생하였다.

셋째로 경제적 빈곤으로 말미암은 베트남이탈주민이 탄생하였다. 1980년대 접어들면서 인도차이나 반도는 전쟁의 소용돌이에서 벗어나 점차 정치적 안정을 찾기 시작하였지만, 경제적 빈곤을 벗어나기 위한 베트남이탈주민은 줄지 않았다. 1980년대 중반 이후 비합법적 베트남이탈주민이 급증함으로써 동남아 국가들에 분산되어 있던 난민수용소 내 베트남이탈주민은 1986년 3만 1,694명에서 1989년 6만 5,349명으로 급증하였다. (조관용 외, 2009)[18] 그동안 난민수

18) 조관용 · 김윤영, 2009, 『탈북자와 함께하는 통일』, 한울.

용소를 제공하고 망명지를 제공했던 유엔난민고등판무관사무소와 서방 국가들은 더는 이들을 난민으로 보호하거나 망명권을 인정하지 않으려 했다. 이에 따라 1988년 12월에 처음으로 14만 명의 베트남이탈주민에 대해 '경제적 이주자'라는 판정을 내렸다. 이로써 많은 경우 그들은 불법체류자로 간주되어 신변 안전조차 보장받을 수 없었다.

베트남의 베트남이탈주민 처리 문제는 독일의 동독이탈주민 처리와는 달리 국제적 문제로 비화되는 등 다양한 문제점을 동반했다. 베트남이탈주민 처리 문제에서 얻을 수 있는 시사점은 다음과 같다.

첫째, 정부의 부정부패와 경제적 빈곤은 베트남 패망을 가져온 직접적인 요인이 되었고, 이 때문에 대량 베트남이탈주민 사태가 발생했다. 특히 베트남이탈주민에 대한 '순차적 출발계획'이 본래의 의도와는 다르게 악용되어 동남아시아 국가들의 반발을 사기도 했다는 사실은 대량 탈북 사태에 대한 대비책에서 고려해야 할 점이다.

둘째, 베트남이탈주민은 계속된 전쟁의 소용돌이 속에서 남베트남 공산화에 따른 정치 · 경제 · 사회체제의 재편 과정에서 발생했기 때문에 완전히 해결이 어려웠고 많은 시간이 있어야 했다. 그리고 베트남이탈주민 문제 해결은 당사국은 물론 국제기구와 민간단체 등을 포함해 국제사회의 적극적인 지원정책이 있어야 했다. 따라서 탈북자들의 중국 등 제3국 체류와 향후 예상되는 대량 탈북자 문제를 해결하기 위해서 국제기구와 연계해야 한다는 필요성이 제기된다.

셋째, 공산화된 베트남 정부는 체제 부적응과 경제적 빈곤으로 발생했던 베트남이탈주민에 대한 대비책이 미흡하였다. 남베트남 패망 이후 1976년부터 1978년까지 3년간 대량으로 발생했던 이탈 사태를 막으려 했으나 그들에 대한 대우가 열악해 실효를 거두지 못하였다. 이는 대량 탈북 사태에 대비해 우리가 수용시설이나 지원체계, 국제기구와 국제 비정부기구 및 유관기관과의 협조 등의 문제를 미리 살펴보아야 함을 시사한다.

넷째, 베트남이탈주민의 계층이 사이공이 함락된 1975년 4월부터 1978년 사이에 탈출했던 자들은 대부분 베트남의 정부 관료, 군인, 지식인, 상인계의 부유하고 학력수준이 높은 대도시 출신자들로 미국 정착 과정에서 사회·경제적 안정을 찾았다. 그러나 1978년 이후의 베트남이탈주민은 주로 농촌 출신과 학력수준이 낮은 빈곤한 하류들로, 정부 보조에 의존하는 경향이 높아 다른 나라에서 적응하는 데 어려움이 많았다.

이처럼 베트남이탈주민 문제는 주변 한두 국가의 힘만으로는 해결하기 어려웠다. 결국, 주변 관련 국가와 국제기구, 비정부기구와 학계 등이 함께 참여하는 다자간 협력기구나 회의체를 통해 정보를 교환하고 재정을 부담하는 등 상호 협력체제 구축이 필요하다. 북한주민의 대량 탈북 사태에 대한 대비책 역시 남한 정부 주도하에 국제사회나 유엔, 동북아시아 국가들의 역할 분담이 필요할 것이다.

제3장
북한이탈주민의 남한 사회 적응 실태

제3장 북한이탈주민의 남한 사회 적응 실태

1. 정서생활에 대한 적응

1) 두고 온 가족에 대한 죄책감

북한이탈주민이 겪는 가장 큰 심리적 고통 중 하나는 북한에 두고 온 가족에 대한 죄책감이다. 그 가족이 자신 때문에 강제수용소로 옮겨지는 등의 큰 고통을 받을 것에 대한 죄책감으로 밤마다 악몽에 시달리거나 우울증을 겪는 경우도 있다. 특히 심한 우울증으로

과도한 음주 등 병적인 행동을 보이는 경우도 있다.

북한이탈주민에게 북한에 남아 있는 가족은 잊을 수도, 그렇다고 기억할 수도 없는 존재라는 점에서 그들에게 양가감정[19]을 일으키는 대표적인 대상이다. 그동안 북한이탈주민 중에는 주로 혼자 탈출한 젊은 남성이 많았는데, 이들은 북한에서 결혼했었더라도 다시 남한 여성과 결혼하는 경우가 많았다. 이는 이들에게 남한 사회에 대한 소속감을 불러일으키고 정상적인 사회 적응을 하는 데 긍정적으로 작용한 것으로 보고되었다. 그러나 동시에 이는 북한에 두고 온 배우자와 자식들, 가족에 대한 죄의식을 더 크게 함으로써 심리적으로 매우 고통스러운 양가감정을 야기하는 측면도 있다. 더구나 최근 가족 단위의 입국이 많아지고 있어 가족을 데리고 오지 못한 북한이탈주민의 심리적 갈등은 더욱 커지고 있다.

한편으로는 먼저 온 북한이탈주민이 자기가 받은 정착금을 이용해서 중국 동포에게 북한에 있는 가족을 데리고 나오도록 하고, 가짜 여권을 만들어 입국시키거나 중국 외 제3국을 통해 입국하는 북한이탈주민이 많아지면서, 그렇게 할 수 없는 북한이탈주민은 북한에 남아 있는 가족에 대한 죄책감이 더욱 짙어지기도 한다.

반면 이들의 가족에 대한 죄책감은 오히려 이들의 남한 사회 적응에 긍정적인 역할을 하는 측면도 있다. 즉 지금은 자신이 어쩔 수 없어 여기에 와 있고 가족에게 큰 피해를 주고 있으나, 그런 가족의 고통을 보상해줄 수 있는 유일한 길은 오직 통일되어 다시 만날 때

19) 양가감정이란 논리적으로 서로 어긋나는 표상의 결합에서 오는 혼란스러운 감정. 어떤 대상, 사람, 생각 따위에 대하여 동시에 대조적인 감정을 지니거나, 감정이 이랬다 저랬다 하는 것 따위이다.

가족에게 경제적인 지원을 충분히 할 수 있도록 한눈팔지 않고 열심히 공부하고 일해서 많은 돈을 버는 것이라고 다짐을 하게 한다. 결국, 이런 생각을 통해 북한이탈주민이 심리적 방황을 덜 겪으면서 남한의 현실에 빨리 적응하고 생활을 잘해갈 수 있게 하는 측면도 있는 것이다.

2) 남한 주민의 냉대와 무관심

실생활에서 북한이탈주민에게 북에 두고 온 가족에 대한 죄책감보다 더 괴로운 것은 자신들을 바라보는 남한 사람들의 좋지 않은 시선이다. 박종철 등의 연구[20]에 따르면, 북한이탈주민에 대한 남한 주민의 태도를 묻는 질문에서 '호의적이다'거나 '동정적이다'는 긍정적 평가가 각각 10.3%를 차지한 반면, '냉담하다'거나 '적대적이고 멸시적이다'라는 부정적인 평가가 각각 33.3%와 25.6%를 차지함으로써 약 60%가량이 남한 주민의 태도에 부정적인 반응을 보였다.

남한 주민은 1970년대까지만 해도 북한이탈주민에 대해 '김일성 치하에서 못 먹고 억눌려 지내온 불쌍한 동포'로 생각했으나, 1980년대 이후에는 '부모 · 자식을 버리고 온 배반자, 죄를 짓고 도망 나온 자, 이방인, 2등 국민, 귀찮은 존재'라는 부정적인 인식이 높아지고 있다. 이러한 경향은 지금도 계속되고 있다. 한나라당 홍사덕 의원과 '새롭고 하나 된 조국을 위한 모임(새조위)'이 2009년 6월 30일 개최한 '북한이탈주민 한국사회 적응 10년, 현주소' 세미나에서 신미녀 새조위 공동대표는 수도권과 대전, 부산 지역 북한이탈주민 255명을 대상으로 한 설문조사에서 응답자의 37.6%가 남한 사람들이 북한이탈주민을 부정적으로 인식하고 있다고 대답했음을 밝혔다. 그러나 북한이탈주민이 부모 · 형제나 자식을 버리고 온 이들이라는 인식은 잘못된 것이다. 상당수 북한이탈주민은 자신이 받은 정착금의 일부를 북한에 남은 가족에게 보내기도 하고, 또 가족을 데리고 오는 데 사용하기도 한다. 따라서 북한이탈주민에 대한 남한 주민의

20) 박종철 · 김영윤 · 이우영, 1996, 「북한이탈주민의 사회적응에 관한 연구」, 민족통일연구원.

잘못된 편견은 버려야 한다.

북한이탈주민에 대한 남한 주민의 부정적 인식은 그들의 남한 정착을 더욱 어렵게 한다. 우리가 남한 땅에서 태어나고 싶어 태어난 것이 아닌 것처럼, 못살고 억압받는 북한에 자기가 원해서 태어나는 사람은 아무도 없다. 따라서 북한이탈주민이나 북한 주민은 우리가 멸시하고 냉대할 대상이 아니라 동포애로 품고 가야 할 존재이다. 그렇게 할 때 진정한 사람의 통일을 이룰 수 있을 것이다. 이것이 바로 기독교복지의 실천인 것이다.

2. 경제체제에 대한 적응

1) 돈에 대한 이중적 태도

북한은 사회주의적 소유를 사회주의제도의 경제적 기초로서 생산수단과 생산물에 대한 사회전체의 구성원 또는 집단의 공동소유, 즉 국가 및 사회협동단체의 소유를 말하는 것으로 그 본질은 생산의 물질적 조건인 생산수단이 사회주의 근로자들의 공동소유, 사회적 소유로 되어 있다고 한다. 바꾸어 말하면, 북한은 개인의 이익이나 향락을 허용하지 않고 오직 당과 인민을 위한 집단주의를 강조해 왔다. 북한에서는 자기가 속한 조직과 집단, 그리고 인민을 위하여 자기의 모든 것을 바치는 견해 또는 사상적 관점을 집단주의라고 하는데, 이러한 집단주의는 개인주의와 대립하는 개념으로서 사회주의 사회의 기본바탕이 되고 있다. 북한은 집단주의를 개인의 안일과 향락을 위해서가 아니라 사회와 인민의 이익, 당과 혁명의 이익을 위해 모든 것을 다 바치는 고상한 혁명 정신으로 강조한다. 북한의 집단주의는 김일성이 직접 조직 · 영도했다는 항일무장투쟁 시기에 발생해 그 빛나는 전통이 이룩되었다고 주장하고 있으며, 결국 집단주의의 최고 표현은 수령에 대한 끝없는 충성심임을 강조하고 있다. 이처럼 중요한 집단주의로 인민을 무장시키기 위해 무엇보다 먼저 그들 속에서 개인주의와 이기주의에 반대하는 투쟁을 강화해야 한다면서 인간개조사업을 통해 개인주의를 억제하고 집단주의를 강화하는 사업을 수행해 왔다.

그러나 북한이 1990년대에 접어들어 극심한 경제난을 겪으면서 주민의 가치관이 바뀌기 시작했다. 이전에는 정치적 · 당적으로 인정받아 공적 부문에서 출세하는 것이 최고의 가치였으나, 이제는 돈을 버는 것을 최고의 가치로 인식하는 사람들이 증가하고 있다. 돈만 있으면 당원이 될 수 있고 대학에도 입학할 수 있을 뿐만 아니라, 웬만한 문제도 뇌물을 통해 해결할 수 있을 만큼 돈의 위력이 강해졌다. 따라서 북한 주민들 사이에는 성분이 좋은 핵심 계층을 제외하고 당원이 되는 것보다는 돈을 버는 것을 선호하는 경향이 증대되고 있다.

북한 주민들 사이에 돈의 가치와 효용성이 높아지자 돈에 대한 의식이 급속히 변화되고 있다. 합영회사가 설립되고 외화가 유통되기 시작하면서부터 돈의 가치가 새롭게 인식되고 있다. 배우자를 선택할 때 기준도 이전에는 정치적 토대, 즉 출신 성분이 첫째이고, 다음으로 군 복무 여부, 경제력 순서였으나, 지금은 첫째도 둘째도 '얼마나 잘 사는가'가 기준이 되고 있어 식량을 배급하는 양정사업소나 급양관리소 사무원들이 배우자감으로 인기라고 한다. 그래서 부모는 자녀에게 잘 사는 집 자녀와 친하게 지내라 하고, 배우자감을 평가할 때는 '잘사는지'를 물어본 다음에 '잘 생겼는지'를 묻는다고 한

다. (서재진, 1994)[21]

북한 주민은 국가에 의지해 살려고 생각하지 않고, 개인이 노력해서 잘살 생각을 하고 있으며 '내 삶, 내 가족, 내 자식, 내 부모는 내가 책임져야 한다'는 생각으로 산다. 즉 국가가 배급을 주지 않자 스스로 살길을 찾고 있다는 것이다. 익명의 북한이탈주민 증언에 따르면, 겉으로는 집단주의를 더 강하게 부르짖지만, 실질적으로는 개인주의가 매우 심하다고 한다. 그 이유는 무엇보다도 어려운 경제 사정 때문이라고 한다. "내 것만 있으면 산다. 내가 버덜적거려(몸과 마음을 부지런히 놀려) 살아야 한다."는 개인주의가 더 강하다고 한다. (조관용 외, 2009)[22] 이러한 북한 주민의 태도는 국내에 입국한 북한이탈주민에게서도 그대로 나타난다. 최근에 입국한 북한이탈주민을 살펴보면 거의 대다수가 자본주의사회에 비판적이면서도 돈에 지나치게 집착하는 이중적 태도를 보인다.

어쩌면 당연한 말일 수도 있지만, 대부분의 북한이탈주민은 '돈이면 무엇이든지 할 수 있다'고 생각한다. 그래서 북한이탈주민은 돈 버는 방법을 찾는 데 정신이 쏠려 있고, 돈에 매우 인색하며, 가능한 많은 돈을 모으기 위해 최선을 다한다. 이는 남한과 같은 자본주의 사회에서 돈이 없는 삶은 죽음을 의미한다는 그들의 믿음에 기초하고 있다. 또한, 북한이탈주민을 도와주어도 고맙다는 말을 듣기 어려우며, 잘 나누어주지 않기 때문에 그들을 도와주던 남한 사람들이 힘들어하기도 한다. 이러한 현상은 그들이 북한에 있는 농안 배급

21) 서재진, 1994,『북한주민들의 가치의식변화 - 소련 및 동구와의 비교연구 -』, 민족통일연구원.

22) 조관용 · 김윤영, 2009,『탈북자와 함께하는 통일』, 한울.

체제와 궁핍한 생활 탓에 서로 나누지 못하는 삶에 익숙해져 있었기 때문이 아닌가 싶다.

2) 땀 흘린 만큼 보상받는 사회

북한 사회는 사유재산제도가 보장되지 않는 사회이지만, 남한 사회는 노력한 만큼 대가를 받는 사회라는 점을 북한이탈주민은 높이 평가한다. 이들은 대부분 인천공항에 내리는 순간 별천지에 온 것처럼 감격한다. 그리고 하나원(북한이탈주민정착지원사무소)[23]에서 나와 처음 배정받은 아파트에 정착금으로 필요한 가구와 가전제품을 들여놓으면 마치 천국에 온 것 같다고 이야기한다. 왜냐하면, 그것은 북한에서 자신들의 신분으로는 도저히 꿈도 꿀 수 없는 일이기 때문이다.

북한에서는 아무리 노력해도 자기에게 돌아오는 것이 없었으나,

---

23) 북한이탈주민정착지원사무소(北韓離脫住民定着支援事務所: 약칭 하나원)는 대한민국에 망명한 북한이탈주민의 사회 적응을 도와주기 위해 운영하는 대한민국 통일부 소속 교육 기관이다. 북한이탈주민정착지원사무소장(약칭 하나원장)은 고위공무원 가급(1급 상당)의 일반직 공무원으로 보한다. 북한이탈주민이 대한민국에 입국하여 일정 기간 조사를 마친 후 입소하게 되는 기관이다. 북한이탈주민이 한국 국민으로서 살아가는 데 필요한 기초적 소양을 쌓도록 하는 게 하나원의 설립 목적이다. 하나원 교육은 민주주의, 자본주의, 시장경제 등에 대한 이론 교육과 한국에서 생활하는 데 필요한 진로지도 및 기초직업 훈련으로 이뤄져 있다. 북한이탈주민은 석 달간 하나원에 머물면서 420시간가량 교육받는다. 교육과정은 탈북 이후 외국 체류로 말미암은 심신(心身) 상담 및 치료 50시간, 혼자 힘으로 자장면 사서 먹기, 시장에서 돈 주고 물건 사기 등 한국 사회 이해를 위한 경제교육 130시간, 제과 · 제빵, 컴퓨터 등 직업교육 180시간, 한국 정착을 위한 제도 안내 교육 60시간으로 짜여 있다.

남한에서는 자기가 노력한 만큼 자기 몫을 얻을 수 있어서 남한을 땀 흘린 만큼 보상받는 사회로 인식하고 있다. 그러나 남한 사회의 빈부 격차에 대해서는 대부분 심각한 수준이라고 생각하고 있다. 이는 북한이탈주민이 남한의 자본주의체제를 인정하고 있으나 남한의 불평등 상태에는 비판적인 견해를 갖고 있음을 보여준다. 북한이탈주민은 대체적으로 수동적이고 소극적인 태도를 보인다. 또한, 지나치게 자유로워 때로는 혼란스러워하기도 한다. 이처럼 북한이탈주민이 남한 사회의 불평등을 못마땅하게 여기는 것은 사회주의 이념인 경제적 평등을 강조하는 북한의 공산주의 교육 영향을 받았기 때문으로 보인다.

3) 왜곡된 자기 생존 방어기제

개인 생존의 집단주의적 보장이 이루어지지 않는 북한 사회에서 자기 생존을 위한 방어기제는 자기 스스로 자기 이익을 지키는 것뿐이다. 북한에서 공식 이념은 집단주의이지만 실제 생활은 집단주의보다는 이기주의에 가깝다. 자기 가족이 굶어 죽는 현실 속에서 주민은 집단이 자기를 돌보아준다고 생각하지 않는다. 이러한 상황에서 북한 주민은 믿을 사람이 아무도 없다는 관념을 가진다. 자신의 살길은 자신이 알아서 찾아야 한다는 것이 경험을 통해 검증되었으니 다르게 생각할 아무런 이유가 없을 것이다. 북한 주민의 집단주의에 대한 신뢰가 상실되고 개인주의가 심화된 결과, 다른 사람에 대한 양보와 배려가 없는 행동 양식으로 바뀌었다. 이는 집단에 대한 소속감과 애정이 사라졌기 때문이다. 그래서 자기 자신과 가족밖에 모른다고 한다.

이러한 이기주의는 의지할 곳이 없는 남한에 와서 너욱더 심화되어 돈 없이는 아무도 자신을 보호해줄 수 없다는 생각이 굳어지게 된다. 자본주의에서 살아남기 위해서는 돈이 있어야 하며, 그러기 위해서는 어떤 수단을 동원해서라도 돈을 벌어야 한다는 강박관념에 사로잡히게 된다. 이러한 잘못된 금전관(金錢觀)은 도리어 남한 사회 정착을 어렵게 하는 한 요인으로 작용한다.

3. 사회생활에 대한 적응

1) 높은 실업률

북한이탈주민이 남한 사회에 적응하면서 겪는 가장 큰 어려움은 생업에 근본이 되는 취업의 문제이다. 과거 북한이탈주민이 많지 않을 때는 정부에서 농협 또는 은행이나 한국전력과 같은 공기업에 일자리를 마련해주어 비교적 안정된 생활을 할 수 있었다. 하지만 1994년 이후 북한이탈주민이 대거 입국하면서부터 이들의 취업 문제를 해결하기가 쉽지 않아졌다. 더욱이 외환위기를 맞아 경제가 어려워지고, 특히 재벌 기업의 구조조정으로 대량 실업이 발생하자 북한이탈주민의 취업 문제는 더욱 심각한 상황에 이르렀다.

북한이탈주민 사이에서는 '취업이 탈북보다 더 어렵다'는 말이 공공연하게 떠돈다. 실제로 2014년 기준으로 북한이탈주민의 실업률은 일반 한국인의 2배에 달했다. 북한이탈주민이 취업에 어려움을 겪는 이유는 여러 가지가 있다. 북한이탈주민이 제대로 취업을 준비하기 어려운 점과 전문적인 능력을 갖추어도 이들을 채용하지 않는 현실은 취업 문제에서 큰 걸림돌이다. 취업을 하고난 뒤에도 정서와 문화의 차이, 의사소통에서의 차이 등으로 크고 작은 오해가 많다. 특히 그들에 대한 남한 사회의 왜곡된 시선 때문에 고통이 가중된다.

그렇다면 구체적으로 북한이탈주민의 취업난이 어떤 모습으로 나타나는지 자세히 살펴보자. 먼저, 남한 사회에서 취업의 핵심 요소로 영어를 빼놓을 수 없는데, 북한이탈주민은 남한 대학생들과 비교할 때 상대적으로 영어 능력이 부족하다. 실제로 취업을 준비하는 또래 대학생들이 1순위로 두고 치열하게 준비하는 것도 공인 영어 성적이다. 이처럼 영어가 중요한 취업 현실에서 북한이탈주민 대학생들이 어려움을 겪는 것은 당연한 일이다.

2014년 사회복지법인 '함께하는재단 탈북민취업지원센터' 설문조사에 따르면, 북한이탈주민 대학생들의 75%가량이 공인 영어능력 시험 점수가 아예 없고, 나머지도 토익 점수가 평균 600점대에 불과하다. 영어 실력이 턱없이 부족한 이들에게는 취업에 앞서 당장 학교 수업을 따라가는 것조차 막막한 일이라고 한다. 앞선 설문조사에서 약 90%의 응답자가 소속 학과에 영어로만 진행되는 과목이 있다고 답했는데, 서강대에 재학 중인 북한이탈주민 대학생 A(24 · 여)씨는 "수업의 70~80%가 영어로 진행되고 있고 특히 외국인 교수와는 아예 말이 안 통한다."라고 말했다.[24]

전문가에 따르면, 대입 이전에는 북한이탈주민 학생들에 대한 학습지원이 그나마 조금은 이루어지고 있지만, 대입 이후에는 별다른 지원이 없다. 냉정한 취업 현장에서 입사 특혜를 주는 것이 형평성에도 어긋나고 현실적으로도 어려운 만큼, 취업 이전에 학습지원을 지속해서 제공하는 것이 실질적인 해결책이라 하겠다.

취업을 하더라도 북한이탈주민은 고용의 질과 급여 수준이 낮다. 통일부와 남북하나재단이 시행한 '2014년 탈북자 · 탈북청소년 실태조사'에 따르면, '상용직'에 취업한 북한이탈주민 비율은 53.2%로 낮지 않았지만, 직종으로 보면 사무직은 8.3%에 불과했고 상당수가 단순노무(32.6%)나 서비스업(23.1%)에 종사하는 것으로 나타났다. 또한, 임시직(15.9%)과 일용직(19.8%) 비율이 높았는데, 북한이탈주민의 일용직 비율은 일반 국민과 비교할 때 3배 이상 높으며 월급

24) 함께하는재단 탈북민취업지원센터(http://www.togethergoodwill.org)

은 평균 76만 원이나 적다.[25)]

위와 같은 맥락에서 볼 때, 북한이탈주민이 기존에 갖추고 있던 업무 능력은 북한과 다른 남한 환경에서 부족하게 여겨질 수 있다. 이러한 괴리가 취업에 있어서도 큰 장벽으로 작용할 것이다. 취업에 필요한 능력이 부족해서 일어나는 위와 같은 문제는 정부와 민간부문의 취업교육 · 알선 지원이 반드시 필요한 부분이다.

매일경제에 따르면, 지난 2012년 남한에 정착한 40대 한 북한이탈주민 여성은 북한에서 내과 의사로 일하며 안정적인 생활을 했으나 이곳에서는 공장 노동자로 일할 수밖에 없었다. (매일경제, 2015. 3. 9.)[26)] 그녀는 북한 체제에 대하여 답답함을 느끼고 탈북을 결심했지만, 기대했던 바와 달리 이곳에서는 의사 일을 계속할 수 없어서 어려움을 겪고 있다. 남한의 의사 면허 시험이 북한과는 판이한 것이 주된 이유라고 한다. 이곳에서 의사가 되기 위해서는 전공과 더불어 영어 등 부가적인 공부를 더 해야 하는데, 생계 문제 때문에 그러한 준비를 할 여력이 없어서 3년째 월 120만 원을 받으며 공장 일을 해 왔다.

이처럼 전문 경력을 가진 북한이탈주민이 남한에서 제대로 정착하지 못하고 있는 것으로 드러났다. 통일부에 따르면, 2011년까지 의료 · 교육 등 전문 경력을 가진 북한이탈주민이 530여 명에 이르는 것으로 나타났다. 그러나 이중 관련 분야에 취업한 북한이탈주민은 10%에 그쳤으며 나머지는 주로 노동이나 식당일 등을 하는 것으

25) 통일 미래의 꿈(http://blog.unikorea.go.kr)

26) 매일경제, (2015. 3. 9.), '의사출신 탈북女, 한국서 月120만원 받고 하는일이,' 매경닷컴 디지털뉴스국.

로 조사됐다. 이에 대해 북한 전문가들은 "북한이탈주민 관리는 체계적으로 해야 하며 특히 전문직 북한이탈주민은 경력을 살릴 수 있도록 방안을 마련해야 한다"고 말했다.[27)]

북한이탈주민 의사의 이야기를 다룬 드라마 '닥터 이방인'을 보며 북한에서 온 유능한 의사가 우리 사회에 이바지할 수도 있겠다는 생각을 했는데, 위의 일화를 들으며 그 생각이 바뀌었다. 미래에 통일이 되었을 때를 미리 준비한다는 마음가짐으로 지금부터 이들 전문인력에 대한 알맞은 처우가 필요하다. 전문적인 능력이 빛을 발할 수 있도록 탈북 지원체계 내에 전문인력 재교육과 취업 알선 방안을 고려해야 할 때다.

"북한 출신이라는 이유로 차별이나 무시를 당한 경험이 있느냐." 라는 질문에 25.3%의 응답자가 '그렇다'고 답했고, 그 이유로 '말투 · 생활방식 등 문화적 소통방식이 달라서'(68.6%), '북한이탈주민에 대한 부정적 인식'(42.6%)을 가장 많이 꼽았다. 실제로 취업문을 뚫고 직장을 찾은 북한이탈주민이라도 일터에서 크고 작은 오해로 어려움을 겪는 경우가 종종 발생한다. 한 공장에서는 고용 당시 북한이탈주민 근로자에게 '추가 근무가 있을 수도 있다'고 모호하게 설명한 이후, 여름철 납품량을 맞추려고 일시적으로 주말 근무를 늘렸는데 북한이탈주민 근로자가 크게 반발한 사례가 있다.[28)] 북한이탈주민은 돌려 말하는 방식에 익숙하지 않기 때문에 어떤 상황에서 무슨 이유로 추가 근무를 할 수 있는지 명확한 설명이 없을 경우 위의

27) 통일 미래의 꿈(http://blog.unikorea.go.kr)

28) 함께하는재단 탈북민취업지원센터(http://www.togethergoodwill.org)

사례처럼 의사소통에서 문제가 생길 수 있다.

직장 관계자나 정부 직원의 이야기보다 그들 사회의 소문을 더 신뢰하는 경향 때문에 잘못된 정보로 직장을 관둔 사례도 있다. 건설업에 종사하던 북한이탈주민 정 모(48)씨는 다른 북한이탈주민이 월급을 10만 원 더 받는다는 소문을 듣고 잘 다니던 직장을 7개월 만에 그만두었다. 하지만 옮긴 곳은 업종이나 근무조건 등이 전혀 다른 직장이었다. 이처럼 믿고 들을 만한 정보가 부족한 탓에 자신에게 맞는 직장을 제대로 알지 못했다.

이외에도 북한이탈주민들 사이의 갈등, 북한에 두고 온 가족에 대한 걱정 등이 북한이탈주민 근로자들의 장기근속에 지장을 주는 요인으로 꼽힌다. 남북하나재단 남진애 상담사는 "사소한 오해와 잘못된 정보 때문에 일자리를 그만두는 탈북주민이 많다."며 "이들에게 지속해서 남한 사회에 대해 설명하고 이해시킬 장치가 필요하다."고 밝혔다. 취업박람회 등으로 단순히 일자리를 알선하는 데에 그치지 말고, 직장 내 오해와 갈등을 해소할 수 있는 상담 등의 지원이 지속해서 제공될 필요가 있다.

북한이탈주민이기 때문에 받는 불이익을 '탈북 디스카운트'라고 일컫는다. 북한이탈주민이 취업을 준비할 때에도 이러한 탈북 디스카운트가 공공연하게 작용한다. 2002년 부모와 함께 북에서 건너온 이 모(24)씨는 "10대 초반에 한국에 와서 말투나 생각이 일반 한국 사람과 큰 차이가 없지만, 입사 면접 때는 북한 관련 질문만 나오곤 한다."며 어려움을 토로했다.

인천공항공사의 한 아웃소싱 업체 면접을 봤던 북한이탈주민 B(29)씨는 면접관에게 "공항에는 출입국관리소와 세관 등이 있어 북한 출신은 보안 쪽으로 문제가 된다. 이쪽으론 아예 마음을 접어라."라는 말을 들었다. 여러 번 확인 끝에 법적으로 문제가 없다는 것을 알고 수년 동안 준비했지만 실정은 달랐던 것이다. 대기업 제조분야 특채로 입사한 북한이탈주민 C(27)씨는 면접 때부터 회사 기밀사항을 악용할 수 있다는 우려에서 자유로울 수 없었다. 고위직에 올라갈수록 중요한 정보를 접할 기회가 많아진다는 점에서 승진조차 가능하지 않을 것이라는 걱정이 크다. 함께하는재단 탈북민취업지원센터 신민옥 팀장은 "탈북민을 써본 업체에선 북한이탈주민의 강한 책임감, 높은 충성심, 빠른 눈치를 높이 산다."며 "기업들이 북한이탈주민에게 단기 인턴십 기회를 준다면 그들에 대한 선입견을 많이 없앨 수 있을 것"이라고 말했다.[29]

이처럼 북한이탈주민은 남한 사회에 정착하는 데에 필수적인 '취업' 문제로 큰 어려움을 겪고 있다. 이들에 대한 진로교육, 인턴십 프로그램 등 다양한 지원이 필요하다.

2) 실업률이 높은 이유

정부가 북한이탈주민의 실업률을 낮추기 위해 많은 노력을 하고 있는데도 기대만큼 성과를 거두지 못하고 있는 이유는 다음과 같다.

첫째, 북한이탈주민이 취업에 필요한 능력을 갖추고 있지 못하다. 이금순 등의 연구[30]에서도 북한이탈주민이 직업이 없는 이유에

29) 통일 미래의 꿈(http://blog.unikorea.go.kr)

30) 이금순 · 강신창 · 김병로 · 김수암 · 안혜영 · 오승렬 · 윤여상 · 이우영 · 임순희 · 최의철, 2003, 『북한이탈주민 적응실태연구』, 통일연구원.

대해 '자신의 능력 부족'(23.9%)을 꼽았다. 스스로 능력이 없다고 생각하는 이유는 남북한 산업체제가 서로 다를 뿐만 아니라 발전 정도에도 큰 차이가 있어 북한에서 배운 것들이 남한에 와서는 거의 쓸모없어졌기 때문이다. 북한이탈주민은 억압된 북한 체제에 있다가 자유를 얻은 것에 마음이 들떠 있는 상태인데, 하나원에서 시행하는 짧은 적응 교육만으로는 전문 지식을 갖추기 어려울 뿐만 아니라, 자기가 희망하는 직종에서 일하기도 어렵다.

둘째, 북한 체제에서 살아오는 동안 수동적인 태도가 몸에 배어 근로 의식이 부족하다. 사회주의국가에서는 적극적인 인간형보다도 피동적이고 순응적인 인간형을 요구한다. 국가에서 지정해주는 직장에서 일하면 되기 때문에 자기 스스로 적극성을 띠고 미래를 개척할 필요도 없고 그렇게 되지도 않아, 열심히 일할 필요가 없다. 어떤 중소기업 사장은 점심 후 2시까지 쉬어야 한다고 말하는 북한이탈주민을 보면서 남한의 노동자들과 너무나 다르다는 것을 느꼈다고 한다. 북한이탈주민은 남한 사람들이 아침 일찍 직장에 나가 열심히 일하고 밤늦게 들어오는 모습을 보면서, 남한 사람들과 경쟁해 이길 수 없다고 느끼고 자신감을 잃어버리기도 한다. 또 북한과 같은 사회주의에서는 모든 일을 자기가 알아서 하는 것이 아니라 상부에서 시키는 일만 하면 되기 때문에 처음 입국한 북한이탈주민은 누가 시키지 않아서 불안하다고까지 말한다. (조용관 외, 2007)[31]

31) 조용관 · 김병로, 2007, 『북한 한걸음 다가서기』, 예수전도단.

셋째, 북한이탈주민이 일에 대한 만족감을 찾지 못하고 있다. 선한승 등의 연구[32]에 따르면, 직장 생활의 어려움으로 '일이 적성에 맞지 않아서'(46.3%)를 가장 많이 들었고, 뒤이어 '장래가 불안해서'(40.3%), '일에 대한 능력이 부족해서'(37.3%), '북한이탈주민에 대한 차별 대우'(26.9%) 순으로 나타났다. '일이 적성에 맞지 않다'는 것과 '일에 대한 능력이 부족하다'는 것은 상호 밀접한 관계에 놓여 있다. 앞에서 살펴본 것처럼 2000년 이후 입국한 북한이탈주민의 88%가 노동자(41%) 또는 무직자(47%)로, 이들은 북한에 있을 때보다 더 좋은 직장을 원하지만, 여건이 맞지 않아 신중하게 직장을 구하기보다는 취업하기 쉬운 일자리를 찾게 되어 일에 만족감을 느끼지 못한다. 나아가 더 좋은 직장을 구하려고 해도 기술도 없고 정보도 부족하기 때문에 장래가 불안할 수밖에 없다.

넷째, 북한에서의 조직 생활에 염증을 느낀 북한이탈주민은 남한 기업체에 다니기를 꺼린다. 기업체에 들어간다고 해도 남한 사람들과 경쟁에서 이기기도 어려울 뿐 아니라 조직 생활에 잘 적응하지 못해 직장 생활이 쉽지 않고, 설사 취직을 한다고 해도 문화적 · 정서적 차이 때문에 오래 다니지 못한다. 모든 체제가 북한과 다를 뿐 아니라 남한 사람과의 원만한 대인관계를 형성하기도 쉽지 않다. 직장에서 외래어를 많이 사용하는 직장 동료들과 의사소통의 어려움을 겪다가 그만두는 경우도 있고, 이들의 사고와 생각을 잘 이해하

---

32) 선한승 · 강일규 · 김영윤 · 윤인진 · 이영훈 · 정성훈 · 김화순, 2005, 「북한이탈주민의 취업실태와 정책과제연구」, 한국노동연구원.

지 못하는 남한 사람들에게 따돌림을 당해 직장을 그만두는 경우도 많다. 또한, 성실하게 일해서 돈을 벌기보다는 북한이탈주민 음식전문 사업가 김용처럼 성공한 사람을 이상적 모델로 삼아 직장을 그만두고 개인 사업을 하려는 경우도 많다. 그러나 남한 실정을 잘 모르는 탓에 성공한 경우는 극히 드물다.

다섯째, 대체소득을 얻을 수 있기 때문이다. 북한이탈주민 대부분은 국민기초생활보장 수급자로 지정되어 생활비 일부를 정부에서 지원받고, 기업체에 이름을 올려놓기만 해도 매월 수십만 원을 수 있다. 그 밖에 안보 강연이나 종교 활동으로 수입을 올리기도 한다. 이러한 대체소득이 있어서 굳이 힘들게 취업을 하려고 하지 않는 것이다. 그러므로 대체소득이 단기적 측면에서는 북한이탈주민에게 도움이 될지 모르나 장기적으로는 남한 사회 정착에 장애 요인으로 작용할 것이다. 이러한 문제로 정부는 정착지원금제도를 도입해 시혜적인 경제적 혜택을 줄임으로써 일하지 않고는 살아갈 수 없도록 제도적 장치를 마련해 시행하고 있다. 한편 그동안 북한이탈주민이 적은 정부 보조금으로 살 수 있었던 것은 그들이 여기에 와서도 북한식 생활을 했기 때문에 가능했던 측면도 있다.

북한이탈주민이 대량으로 입국한 지 벌써 20년이 넘었기에 이미 상당수의 기업이 그들을 고용해 본 경험이 있다. 그러나 그렇게 한 대다수 기업의 반응은 부정적이다. 북한이탈주민에게 애정과 관심을 지닌 관리자 또는 고용주라 하더라도 이들을 관리하고 이들과 함께 일하는 데 상대적으로 많은 관심과 배려가 필요하여서 현재 고용하고 있는 북한이탈주민 외에는 더 고용하지 않겠다는 경향이 있다. 이는 고용주나 관리자가 북한이탈주민에 대한 정신적 · 심리적 고통과 어려움을 잘 알고 있어 그들을 더 고용함으로써 감당해야 할 어려움도 많아진다는 사실을 인지하고 있기 때문이다. 반월공단의 한 중소기업 사장은 북한이탈주민을 고용하는 것보다 차라리 외국인 노동자를 고용하는 편이 낫다고 말한다. 그러나 일정 기간 시행착오를 거친 북한이탈주민 중에는 열심히 일하며 기업주에게서 좋은 평판을 받는 사람도 점차 늘어나고 있다. (조관용 외 2009)[33]

3) 실업자 해소 방안

정부는 북한이탈주민의 높은 실업률을 해소하고자 정착지원제도를 개선해 정착금과 생계보조금 등을 차별적으로 지급하고 있다. 이러한 정부의 지원정책이 실효성을 거두기 위해서는 다음과 상황을 고려해야 할 것이다.

첫째, 북한이탈주민에 대한 좀 더 구체적인 이해가 바탕이 된 지원정책이 마련되어야 한다. 현재 정부가 시행하고 있는 지원정책은 외형상 다른 나라와 비교할 때 비교적 잘 마련되어 있다고 할 수 있다. 그런데도 실업률이 높은 것은 북한이탈주민의 인성에 대한 이해가 부족했기 때문이라 생각된다. 독일이 시행했던 동화정책이 실패한 주원인이 사회주의적 인성을 간과했기 때문이라는 점을 참고해야 할 것이다. 다시 말해서 북한 사람의 인성에 대한 깊이 있는 연구 없이 이루어지는 지원정책은 성공하기 어렵다.

33) 조관용 · 김윤영, 2009,『탈북자와 함께하는 통일』, 한울.

둘째, 취업에 앞서 북한이탈주민에 대한 직장 적응 및 생활상담 교육이 필요하다. 북한이탈주민이 직장 생활에 어려움을 겪는 이유 중의 하나가 대인관계 및 외래어와 남한의 직장 문화에 대한 이해의 부족이다. 물론 하나원에서 적응훈련을 받지만, 그 당시에는 그러한 교육의 필요성을 잘 느끼지 못하기 때문에 큰 효과를 기대할 수 없다. 그러나 거주지 배치 후 생업을 위한 직업 교육에는 관심을 가질 수밖에 없어 효과가 있을 것으로 보인다. 이러한 점을 고려해 정부에서 하나원과 같은 교육상담기관을 여러 곳에 설치할 필요가 있다.

셋째, 북한이탈주민의 다양한 특성, 즉 북한에서의 직업, 신체적 조건, 나이, 성격 등을 고려해 직업교육을 다시 해야 할 것이고, 나아가 직업훈련을 마친 후에는 가능한 본인이 희망하는 직장에 취업할 수 있도록 하는 실질적인 시스템이 구축되어야 한다. 당장 생활이 곤란하여 쉽게 들어갈 수 있는 곳에 취업했다가 곧 그만두는 일이 없도록 해야 할 것이다. 시간이 조금 더 걸리더라도 장기적으로 일할 수 있는 직장을 구하도록 도와주어야 할 것이다.

넷째, 북한이탈주민은 마땅한 직업을 찾기가 어렵고, 설사 직업을 가진다 해도 소득이 낮거나 승진하기도 어려울 뿐 아니라 북한에서의 조직 생활에 대한 부정적 경험 때문에 남의 간섭을 받지 않는 자영업을 선호하는 경향이 있다. 따라서 정부나 지방자치단체 및 종교·민간단체에서 북한이탈주민이 할 수 있는 자영업을 마련해주거나 소규모 단위의 공장을 그들에게 하도급을 주면 고용 창출 효과도 가져올 것이고 남한 사회 정착도 빨라질 수 있을 것이다. 일부 종교단체에서 북한이탈주민을 고용해 박스(상자) 공장을 운영하고 있다. 비록 쉽지는 않겠으나 통일을 위해서는 이러한 일들이 계속 시도되어야 할 사회복지 실천이다.

다섯째, 북한이탈주민을 채용하는 고용주와 함께 일할 동료들에게도 북한 사람의 인성에 대한 사전 교육이 필요하다. 많은 북한이탈주민이 힘들게 들어간 직장에서 얼마 있지 못하고 나오는 이유 중의 하나는 서로 정서적 · 감정적 공감대가 없기 때문이다. 건축일을 하는 한 북한이탈주민 타일공은 공사 때문에 제주도에 한 달 동안 다녀온 뒤 "남북한 사람이 너무 달라서 합숙하면서 많은 고생을 했다"고 토로한 적이 있다.(조관용 외, 2009)[34] 남북한 사람이 공유하는 가치관은 같은 민족이라는 추상적인 것 말고는 찾기 어렵다. 그러므로 고용주나 함께 일할 동료들이 북한이탈주민을 이해할 수 있도록 돕는 교육이 필요하다.

4. 정치체제에 대한 적응

북한은 사회주의국가 가운데서도 그 유례를 찾기 어려울 정도로 김일성 · 김정일 · 김정은으로 대대손손 이어진 일인 지배하의 폐쇄적인 체제를 유지하고 있다. 북한 체제가 오랫동안 지탱할 수 있었던 것은 교육의 힘이 컸다. 북한의 교육이 대단히 조직적이고 획일적일 뿐만 아니라 중앙집권적 통제가 실현되고 있음을 볼 때, 지금까지 북한 공산체제 나름의 일정하게 정형화된 인간을 만들어냈음

34) 조관용 · 김윤영, 2009,『탈북자와 함께하는 통일』, 한울.

을 알 수 있다. 즉 북한의 모든 교육체계는 김일성과 김정일, 김정은에 충직한 인간, 다시 말해서 북한 체제에 맞는 사람을 기르고 있을 뿐이다. 틀에 박한 교육을 받는 북한 주민은 집권층에 무조건 충성하고 복종해야만 살아남을 수 있다. 이렇게 전체주의적이고 계획경제 체제에서 살아왔던 북한이탈주민이 다원주의적이고 시장경제 질서가 작동하는 남한 사회에 정착할 때 겪는 어려움은 정치 체제상의 차이에서 오는 혼란이라 하겠다.

북한이라는 사회주의체제에서 살다가 온 북한이탈주민이 국내에 입국해 처음 느끼는 것은 자유민주주의체제를 이해하기 쉽지 않다는 것이다. 1996년에 입국한 최현실은 남한 적응 과정에서 겪는 어려움을 “하루아침에 사회주의에서 자본주의로 바뀌어, 보고도 알 수 없고, 듣고도 이해할 수 없는 일이 너무 많아서 이방인이 된 것 같은 기분이 들었다.”고 고백하기도 했다. 또 다른 북한이탈주민은 “연초가 되면 북한에서는 ‘신년사 경연대회’를 하기 위해 김일성의 신년사를 외우느라고 난리인데, 남한에 오니까 그런 것들이 아무런 의미가 없어 헛살았다는 생각이 들어 속상하다.”고 고백하고 있다. 그는 “북한에서는 모든 것을 상부에서 억지로 시키고 감독하는데, 남한 오니까 그런 것들이 없어서 좋다.”라고도 했다. (조관용 외, 2009)[35)]

10대 북한이탈주민 소녀 박은영은 “남한에 와서 가장 좋은 것이 무엇이냐.”라는 질문에 “이야기할 때 남의 눈치 안 보고 마음대로 할 수 있어서 좋아요.”라고 답했다. 자녀들이 밖에 나갈 때 남한 부모들의 경우 “차 조심해라.”고 하지만, 북한 부모들은 “입을 조심해라.”고

35) 조관용 · 김윤영, 2009, 『탈북자와 함께하는 통일』, 한울.

하는 사실에 비추어보아도 북한 사회가 얼마나 통제적이고 감시적인 사회인지 짐작할 수 있다.

북한이탈주민이 남한 사회에 와서 충격을 받는 일 중 하나가 시위운동이다. 대통령을 비판하거나 비판하는 시위를 해도 잡아가지 않는다는 것이다. 북한 사회에서는 도저히 있을 수 없는 일이라며 당혹스러워한다. 어느 북한이탈주민은 아파트 공원에서 현직 대통령을 비판하는 노인들을 간첩으로 신고해 경찰이 출동하는 해프닝을 일으킨 적도 있다. 김일성과 김정일, 김정은에 대해 어떠한 비난이나 비판도 허용하지 않는 북한 사회에서 살다 온 북한이탈주민으로서는 결코 이해할 수 없는 일이다.

북한이탈주민이 남한의 정치체제에 대해 긍정적인 태도를 보이는 것은 공산주의 및 주체사상에 의한 획일적 가치관에서 벗어나 구속받지 않고 자유롭게 살 수 있으며, 북한에서 생각할 수조차 없던 자기 소유의 재산을 가질 수 있기 때문이다. 비록 북한이탈주민이 자유의 올바른 개념이나 사유재산제도에 대한 이해가 부족하다 할지라도 북한과 같이 남의 눈치나 감시 없이 자유롭게 이야기할 수 있고, 자기 재산을 소유할 수 있으며, 대통령의 아들이라도 잘못하면 구속되는 것을 보고 북한 사회보다 좋은 사회라고 믿는 것이다.

비록 많은 북한이탈주민이 남한 사회를 잘 이해하지 못해 다소 혼란스러워하기는 하지만, 대부분 남의 감시와 통제, 김일성과 김정일 부자에 이어 김정은에 대한 맹목적 충성을 강요받지 않는 남한 체제를 긍정적으로 받아들이며 사는 것으로 보인다.

대통령이.......
우리나라 문제점이......
정치인들이 이상해.

제4장
북한이탈주민과 인권

제4장 북한이탈주민과 인권

1. 인권의 개념

인권(人權, human rights)이란 무엇인가? 인권은 인간이 인간답게 존재하기 위한 보편적인 인간의 모든 정치 · 경제 · 사회 · 문화적 권리 및 지위와 자격을 총칭하는 개념이다. 즉 인권은 사람은 사람답게 살 수 있는 권리가 있다는 생각이며, 법의 담당 지역이나 그 밖의 지역적인 변수(민족이나 국적 등)에 관계없이 적용되는 것으로 정의된다. 인권의 본질과 정당성, 그리고 그 내용 자체는 오늘날 철학과 정치학에서 열띤 논쟁의 대상이 되었다. 그러나 인권은 보편적으로 국제법과 국제규약에 정의되어 있으며 수많은 국가의 국내법에도 규정되어 있다. 그러나 많은 인간 사회의 특수한 배경 속에서 인권이 정의되는 구체적 표현은 다양하며 문명권에 따라 다르게 나타날 수 있다. (박주현 외, 2011)[36)]

주권 국가에서 인권은 정부의 일방적 권력 남용과 억압에 대항하여 인간이 요구할 수 있고 보호, 보장을 받을 수 있는 보편적 권리를 일컫는다. 이는 사람이 사람답게 존엄한 생활을 영위할 수 있는 권리, 개인의 자유와 평등, 독립성의 보장, 그리고 인류의 이익에 정부의 권한 행사가 들어맞을 책무 등을 뜻한다. 이러한 보편적인 권리는 일반적으로 생명 권리, 적절한 삶의 수준을 보장받을 권리, 고문을 비롯한 부당한 처우에 대한 보호, 사상과 언론 및 표현의 자유, 이동의 자유, 자기 결정의 권리, 교육에 관한 권리, 그리고 정치, 문

---

36) 박주현 · 최덕경, 2011, 『다문화사회의 이해와 실천』, 창지사.

화에 참여하고 누릴 권리 등을 포함한다. 이러한 규칙은 유엔 회원국들의 국제법적, 정치적 결정에 근거하고 있으며 국제인권기구에 의해서 보장되고 발효된다. 전시와 같은 특수한 때는 이른바 타협 불가능한 인권(네 가지 핵심 인권은 생명, 포로 지위에서 해방될 권리, 고문으로부터의 보호와 신규 범죄 법을 소급 적용받지 않을 권리이다.)도 제한 받거나 축소될 수 있다. 전시에 권리는 대부분 국제 인도주의 법을 따른다.

인권은 출생과 동시에 지니게 되며, 자기가 태어난 국가에서뿐만 아니라 다른 나라에서도 보장받는다는 점에서 보편성을 가진다고 말할 수 있다.(설동훈, 2005)[37] 인권의 개념과 범주는 고정되고 정태적인 것이 아니라 계속 변화, 발전해 오고 있다. 인간이 출생 신분과 무관하게 누구나 존엄성을 가진 존재로 인정받기 시작한 것은 근대 이후이다. 신분제 사회가 폐지되고, 인종과 계급에 관계없이 모든 인간이 동등한 인격을 갖춘 평등한 독립적인 존재라고 인정되기 시작한 근대사회에 들어서부터이다.

인권의 범위도 점차 확대됐다. 마샬(Marshall)은 인권을 자유와 평등과 같은 공민적 요소, 참정권과 같은 정치적 요소, 복지권과 같은 사회적 요소로 구분하며, 인권의 변천을 진화론적으로 설명하고 있다. 영국의 공민권은 18~19세기에 걸쳐 확립되었고, 정치권은 19~20세기 사이에, 그리고 사회권의 기반은 20세기 중반까지 조성된 것으로 보고 있다. (김상균, 1987)[38] 짐 아이프(Jim Ife)는 인권의

37) 설동훈, 2005,「외국인노동자와 인권 - '국가의 주권'과 '국민의 기본권' 및 '인간의 기본권'의 상충요소 검토-」. 민주주의와 인권, 5(2), 39-77.

38) 김상균, 1987,『현대사회와 사회정책』, 서울대학교 출판부.

개념을 제1세대, 제2세대, 제3세대 인권으로 구분하고 인권 범주의 확대과정을 설명한다. (Jim Ife, 2001)[39]

제1세대 인권은 18세기 자유주의적 정치철학의 발달과 계몽주의에 지적 기원을 둔 것으로 마샬의 공민적 요소와 정치적 요소를 지칭하는데 투표권, 언론과 집회, 사상, 종교의 자유, 법 앞의 평등, 사생활의 보장 등을 말한다. 제2세대 인권은 경제적 · 사회적 · 문화적 권리로 마샬의 사회권 요소를 말하며, 취업권리, 적정임금을 받을 권리, 사회보장에 관한 권리 등을 포함하며, 19세기와 20세기 사회민주주의와 사회주의, 여타 집단주의운동에 지적 기원을 두고 있다. 제3세대 인권은 경제개발에 대한 권리, 경제성장으로부터의 혜택을 받을 권리, 환경권 등을 지칭하는 것으로, 개개인에 적용되기보다는 지역사회, 전체 국민 등 집단적 수준에서만 의미가 있는 권리이고, 이러한 집단적 권리는 20세기에 들어서서 인권으로 인식되기 시작하였다.

마샬과 짐 아이프는 인권 개념의 확대과정은 동일하게 설명하면서도, 인권의 범주에서는 차이가 있다. 짐 아이프는 마샬의 인권 범주에서 더 나아가 환경권과 같은 집단적 권리마저 인권의 범주에 포함하고 있다. 이러한 사실은 인권 개념이 발전하는 동태적인 것이며, 관점에 따라 좁게 혹은 넓게 정의되기도 한다는 것을 보여준다. 짐 아이프는 인권의 개념에 다음의 요소를 중요한 요건으로 포함하

---

39) Jim Ife, *Human Rights and Social Work*, 김형식 · 여지영 역, 2001, 『인권과 사회복지실천』, 인간과 복지.

여야 한다고 하였다. (Jim Ife, 2001)[40)]

① 인권의 실현은 개인 혹은 집단이 다른 사람과 마찬가지로 자 신들의 완전한 인간성을 구현하는 데 필수적인 것이다.

② 인권은 모든 인간에게 적용되는, 따라서 그 권리를 요구하는 개인 혹은 집단이 그 밖의 다른 모든 사람에게도 적용되기를 원하는 것으로 간주한다.

③ 인권의 정당성에 대해서는 실질적인 보편적 합의가 존재한다. 즉 문화적 경계와 기타 경계를 넘어서는 광범위한 지지가 없다면 그것은 인권으로 볼 수 없다.

④ 인권을 정당한 모든 요구자에게 실제로 실현하는 것이 가능하다.

⑤ 인권은 다른 인권과 충돌하지 않는다.

2. 인권의 보편성과 불가분성

인권에 관한 연구를 시작할 때 인권의 보편성의 원리와 불가분성의 원칙이라는 두 가지 기본 개념을 이해하여야 한다. 보편성은 인권의 버팀목이 되는 개념이다. 모든 사람은 그가 사는 지역과 상관없이 인권을 누릴 권리를 가지고 있다. 예를 들어 인권에는 모든 사람이 충분한 의료서비스와 식량을 공급받아야 한다는 항목이 포함되어 있다. 아마 어떤 국가에서는 자원이 부족하여 모든 사람에게 충분한 의료서비스와 식량을 공급하지 못할 수도 있을 것이다. 하지

40) Jim Ife, *Human Rights and Social Work*, 김형식 · 여지영 역, 2001, 『인권과 사회복지실천』, 인간과 복지.

만, 의료서비스와 식량은 인권의 필수 구성 요소이기 때문에 정부는 그 권리를 보장하기 위한 뼈대를 제공해야 할 의무가 있다. 어떤 경우에는 자원부족이라는 것이 실제로는 이러한 권리를 무시하기 위한 핑계에 불과한 예도 있을 것이다. 어떤 권리와 자유를 인권으로 정의함으로써 정부는 그것들을 보장하기 위한 여건을 조성하기 위해 노력할 것이다.

모든 인권이 앞에 예시한 것처럼 명확하게 인권으로 분류되는 것은 아니며 그 때문에 어떤 인권을 증진하기 위한 노력을 주저하게 할 수 있다. 보편성 개념은 문제가 된 인권과 배치되는 특정한 문화, 법률, 정책, 도덕과 기타 제도 등과 충돌할 수 있다. 어떤 국가에서는 문화적 혹은 종교적 규범에 따라 동성애자에 대한 차별을 인정한다. 그러나 인권이 문화나 종교에 대한 민감성을 요구한다 하더라도 그러한 차별은 인권침해에 해당한다.

문화적, 종교적 규범과 인권 중에 어느 것을 우선으로 고려해야 할까? 만약 인권이 모든 사람에게 적용되는 것이라면 인권의 이념이 우선되어야 한다. 물론 이 문제는 그리 간단한 문제는 아니다. 누가 인권을 정의하는가? 누가 그 정의로부터 이익을 보고 누가 손해를 보는가? 인권을 실천할 때 누구의 목소리가 크게 반영되고 있는가? 누가 문화를 정의하는가? 어떤 정부가 다른 나라 정부의 정책이 인권을 침해하는 것이라고 주장할 수 있는가? 인권에 관한 해석에 이견이 있을 때 누가 결정하는가? 이처럼 보편성과 관련한 이슈들은 인권을 실천에 옮기는 데 있어 많은 논란을 일으킬 수 있다.

보편성의 원리는 인권에 관한 법체계나 지침에 독특한 특성을 부여한다. 인권에 관한 이념은 매우 강력하지만, 인권이 보편적으로 인정되어야 한다는 주장은 오랫동안 제국주의적이라는 비판을 받아왔다. 이러한 비판은 다음과 같은 중요한 질문을 던져 왔다. (Ignatieff, 2001)[41] 인권규범은 과연 그것이 가지고 있는 권위에 합당한 가치를 가지고 있는가? 혹시 서구의 도덕적 제국주의의, 또 다른 교묘한 술책은 아닌가? 보편성이란 모든 이가 비슷해져야 한다거나 모두 똑같은 방식으로 발전해야 한다는 것을 의미하는 것은 아니다. 보편성은 개인과 집단 간의 모든 형태의 다양성과 차이를 인정한다. 보편성 이해의 핵심은 그것의 목표가 다른 문화를 똑같은 것으로 만드는 것이 아니라는 사실을 받아들이는 것이다. 보편성은 모든 개인과 집단이 그들의 존재에 합당한 기본적인 권리를 보장하고자 하는 것이며, 모든 사람이 같은 형태로 존재해야 한다는 것을 의미하는 것은 아니다. (엘리자베스 라이커트, 2008)[42]

불가분성의 원칙은 정부와 개인이 개개의 인권을 인정하되 선별적으로 어떤 인권을 더 중요하게 취급해서는 안 된다는 것이다. 미국의 의료정책이 모든 국민에게 권리를 보장하고 있지 않은 것은 인권의 불가분성과 관련하여 많은 논란을 일으킨다. 의료에 대한 권리가 적절하게 보장되지 않으면 개인은 생명을 위협받거나 건강을 해치는 질병에 노출될 수 있다. 사람이 건강을 잃으면 가정이나 직장에서 누릴 수 있는 또 다른 인권을 누리는 데도 어려움에 부닥칠 수 있을 것이다. 또한, 선거라든가 기타 인권으로 여겨지는 다른 활동에 참여할 수 있는 개인의 의지나 능력에 영향을 미칠 수도 있다. 결과적으로 어떤 인권을 부인하는 것은 다른 인권의 향유에 쉽게 영향

41) Ignatieff, Michael, 2001, The attack on human rights, Foreign Affairs 80.6*(November~December)*, 102-106.

42) 엘리자베스 라이커트, 국가인권위원회 역, 2008, 『사회복지와 인권』, 인간과 복지.

을 미칠 수 있으며 직 · 간접적으로 다른 인권을 부인하는 결과를 낳는다. 따라서 인권의 불가분성 개념은 인권의 실천에서 매우 중요한 역할을 하고 있다.

하지만 인권의 불가분성 원칙은 어느 정도 논란의 소지가 있다. 쉽게 인정할 수 있는 바와 같이 모든 국가가 인권으로 승인된 모든 경제적 권리를 충족시켜 줄 수는 없다. 이러한 상황을 절대로 용인하지 않는 것이 인권의 원칙적 실천인가? 어느 국가가 국민에게 특정한 인권이 적절치 않다고 하면서 그 인권 자체의 승인을 거부할 수 있을까? 인권 담론에서 불가분성 원칙이 핵심적 위치를 차지하고 있지만, 이 기본적 개념을 둘러싸고 있는 쟁점에 답하는 것은 그리 간단한 문제가 아니다. 이처럼 인권에 관한 많은 개념은 실용적이지 않고 낯설고 심지어 단지 이상적인 관념으로만 보일 수 있다.

3. 인권의 발전과 역사

인권이란 단어는 제2차 세계대전이 끝난 1945년부터 사용되기 시작한 비교적 새로운 용어이다. 이 엄청나고 비극적인 전쟁은 상처를 입지 않은 나라가 거의 없을 정도로 세계 도처에 영향을 미쳤지만, 각 나라의 정부와 국민에게 세계대전과 같이 광범위하고 파괴적인 사건을 방지할 수 있는 세계적 규모의 메커니즘의 필요성을 일깨우는 촉매제 같은 역할을 하였다. 너욱더 안정적이고 평화적인 세계 실서를 만들고자 하는 노력의 결과는 1948년 '세계인권선언(The Universal Declaration of Human Rights)'을 탄생시켰다.

세계인권선언은 각 나라가 자국의 영역 안에서 자국 마음대로 통치하는 것이 아니라, 인류의 보편적인 원칙과 규칙을 준수하도록 하는 획기적인 발상의 전환이었다. 한층 높은 권위를 가진 유엔이 각 나라가 따라야 할 지침을 공표했는데, 이것은 적어도 이론상으로는 회원국들이 합의된 인권원칙을 위반하지 않도록 하는 것이었다. 이제 국가들은 자국민이나 타국의 국민을 자신들 마음대로 다룰 수 없게 되었다. 세계인권선언은 세계 모든 국가가 따라야 할 최소한의 행동 규범을 확립하였다.

세계인권선언 이전에도 개인과 국가에 적용될 수 있는 행동의 표준 모델을 만들려고 하는 국제적인 노력이 있긴 했지만, 그 내용의 범위가 참가국가 수에서 세계인권선언과는 비교될 수 없을 정도였다. 세계인권선언의 발전과 성과는 다양한 배경을 가진 개인과 집단이 공동으로 관습과 국경을 넘어 적용되는 유례없는 문서를 만들었다는 선례가 된 것이다. 아직도 적지 않은 나라가 세계인권선언에 명시된 인권을 침해하는 행위를 하고 있지만, 그런 나라들에는 인권선언의 내용을 잘 준수하도록 국제적인 압력이 행하여지고 있다. 세계인권선언을 무시하는 국가와 개인은 명예 손상, 경멸, 가혹한 비난 등에 직면한다. 설사 결점이 있다고 하더라도 세계인권선언은 문화적 · 사회적 · 경제적 · 정치적 역사에서 가장 성공한 업적으로 평가받아야 할 것이다. (엘리자베스 라이커트, 2008)[43]

43) 엘리자베스 라이커트, 국가인권위원회 역, 2008,『사회복지와 인권』, 인간과 복지.

1) 인권의 3세대

세계인권선언의 요지를 보면, 인권에는 3가지 구별되는 세대가 있다. (엘리자베스 라이커트, 2008)[44] 제1세대 인권은 시민적 · 정치적 자유권이다. 공정한 재판을 받을 권리, 언론과 종교의 자유, 이전(移轉)과 집회의 자유 그리고 차별, 노예신분, 고문을 받지 않은 권리 등이 시민적 · 정치적 권리에 포함된다. 이런 권리는 정부의 역할을 제한하기 때문에 흔히 소극적 권리(negative rights)라고도 불린다. 다시 말해, 어떤 정부도 이러한 행위를 해서는 안 된다는 것이다. 이런 하지 말아야 할 일련의 지침은 정부의 불간섭(비개입)을 강조하거나 소극적인 입장을 강조하게 된다.

세계인권선언에 있는 다른 권리는 제2세대 인권, 즉 적극적인 권리(positive rights)로 구체화되어 있다. 이 적극적인 권리는 국가의 재정에 기초하여 국민에게 충분한 삶의 수준을 확보하도록 한다. 이 두 번째 종류의 인권에서, 모든 사람은 자기 자신과 가족의 건강과 행복한 삶을 위해 음식, 의류, 주택과 의료보호, 필요한 사회보장 서비스를 포함한 충분한 생활 수준을 누릴 권리가 있다. 이와 더불어 부녀자와 어린이는 특별한 보호와 지원을 받을 권리가 있으며, 모든 사람은 무상으로 초등교육을 받을 권리가 있다. 이러한 권리를 보호하기 위해서 정부와 개인이 반드시 필요한 조처를 해야 한다는 점에서 이러한 권리를 적극적인 권리라고 하며, 정부는 이러한 적극적인 권리를 제공해야만 하는 것이다.

물론 적극적 인권이나 소극적 인권의 구분은 인위적인 개념이다.

44) 엘리자베스 라이커트, 국가인권위원회 역, 2008,『사회복지와 인권』, 인간과 복지.

만약 정부가 인종이나 성에 대한 차별하지 않아야 하고 제한 없는 자유로운 발언을 규제하지 말아야 한다면, 이것을 잘 이행하고 있는지를 누가 감시할 것인가? 정부는 언론의 자유 침해와 차별 행위를 금지하기 위하여 분명한 역할을 해야만 한다. 이것을 위해서는 정부 쪽의 적극적인 행위가 필요하다. 더구나 소극적 인권과 적극적 인권이라는 용어가 인위적이든지 아니든지 간에 인권을 논의하는 데 있어서 둘의 구분은 계속 존재하고 있다.

제3세대 인권은 국가 간의 집단적 권리를 포함하는 것으로 가장 최근에 발전되었다. 1948년의 세계인권선언에 따라 모든 사람은 선언에 제시된 권리와 자유가 완전히 실현될 수 있는 사회적, 국제적 질서를 가질 권리를 가진다(세계인권선언 제28조). 궁극적으로 집단적인 인권의 증진은 국제적인 문제(예를 들면, 환경보호와 경제발전 등)에 대한 정부 간 상호 협력을 필요로 한다. 한 집단은 다른 집단에 그 집단의 발전과 번영을 저해할 수 있는 조건을 강요해서는 안 된다. 선진국은 자원 개발을 통하여 경제적으로 덜 발전된 나라를 이용해서는 안 된다. 집단적인 인권은 국가와 개인의 연대의식이 인권선언의 핵심적인 가치라는 것을 가르쳐 준다.

역설적으로 3세대 인권 혹은 인권의 3세대에 대한 언급은 이러한 권리에 대한 이해와 개개 권리에 대한 개념을 이해하는 것을 제한할 수도 있다. 이 세 가지 권리에 대하여 권리의 우선순위 문제가 쉽게 대두될 수 있다. 시민적, 정치적 권리가 경제적, 사회적, 문화적 인권 혹은 국제연대보다 더 중요한 것인가? 인권이 논리적으로 이 세 가지로 구별될 수 있는 것인가? 인권에 대한 세 가지 개념은 계속 존재하지만, 인권에 대한 좀 더 나은 접근 방법은 모든 인권이 똑같이 중요하다고 생각하는 것이다.

2) 인권의 역사적인 시작

세계인권선언은 아무것도 없는 진공상태에서 만들어진 것이 아니다. 인류의 초기 문명은 제한된 영역 내의 같은 집단을 위한 행동기준을 설정한 종교 규범을 만들었다. 다른 사람에게 존엄성을 가지고 대하는 것을 의무화하고 상호 간에 필요한 것을 제공하도록 요구하는 여러 종교는 인권의 선구자라고 할 수 있다. 유대교, 그리스도교, 불교, 유교, 이슬람교 등은 다양한 형태로 인권을 강조한다. 이러한 종교단체는 정부나 행정당국에 공정하라고 요청하고, 가난한 사람들에게 공정한 재정 자원의 분배를 강조한다. (엘리자베스 라이커트, 2008)[45]

고대부터 철학자들은 평등과 정의에 대한 글을 써왔다. 플라톤과 소크라테스 등 2000년 전의 위대한 사상가들은 인간의 기본적이고 양도할 수 없는 권리 분야를 탐구하였는데, 그 당시에 인간은 실제적으로 남자만을 뜻했다. 인권으로서 여성의 권리는 훨씬 이후에 확립되었다. 그리스의 철학자 아리스토텔레스는 공정하지 못한 사람은 다른 사람과 똑같이 나누는 것을 싫어하는 사람이라고 하였다. 불공정한 것은 불평등한 것이기 때문에, 평등과 불평등한 것은 대단히 중요한 의미가 있었다. 만약에 불공정한 것을 불평등한 것이라고 하면 공정한 것은 평등한 것이라고 할 수 있다. 로마의 12표법(Twelve Tables)에서 로마인들은 재판 절차에서 공정한 재판, 증거와 입증의 제시, 뇌물의 불법성을 강조하였다.

1251년 인권의 토대가 만들어졌는데, 영국의 귀족, 주교, 대주

45) 엘리자베스 라이커트 , 국가인권위원회 역, 2008,『사회복지와 인권』, 인간과 복지.

교들이 당시 군림하고 있었던 국왕 존(King John)에게 백성을 혹사하는 행동을 하지 말라고 요구한 것이다. 국민은 '마그나 카르타(Magna Carta, 대헌장)'라고 알려진 문서를 작성했고, 존 왕은 이를 승인하였다. 마그나 카르타는 국왕이 적합한 법 절차 없이 영토를 빼앗거나 적법한 재판 없이 국민을 불법으로 가두는 행동을 금했다. 이는 배심재판의 선구자가 되었으며, 이 문서는 가족의 중요성과 학대로부터의 보호 중요성도 강조하였다.

인권의 발달 이면에 있는 또 다른 개념은 자연법이다. 자연법은 자연에서의 특정한 질서가 인간의 행동에 대한 규범을 제공한다는 것이다. 토마스 아퀴나스(Thomas Aquinas)는 자연법은 포괄적인 영원한 법체계 안에 인간성이 참여한 것이라고 하였다. 사람들은 실천이성(實踐理性)[46]의 부정할 수 없는 자명한 원칙을 깨달을 수 있는데, 그것들은 사람 본성이 자연스럽게 다양한 선행을 좋아하는 경향과 일치한다는 것이다. 자연법은 인간에 관한 법의 기준이며, 원칙적으로 공정하지 않은 법은 양심을 구속하지 않는다. 17세기 동안 유럽의 철학자들은 시민의 자연권을 지지하였다. 인간은 천부적으로 정부의 설립보다도 우선하는 어떤 기본적인 권리를 가지고 있다고 생각했다.

근대초기의 정치 철학자 홉스(Thomas Hobbes)와 로크(John Locke)는 자연권이라는 주제에 대해 연구하였다. 홉스와 로크는 자연권의 원천이 인간의 복지와 성취를 목적으로 명령받은 것이 아니

46) 실천이성은 칸트 철학의 기본 개념으로, 도덕적인 실천의 의지를 규정하는 이성이며 절대적으로 타당한 도덕의 보편적 법칙에 따르는 능력을 말한다.

라, 태어날 때부터 가지는 자기 보존의 욕망이라고 하였다. 이 아이디어에서 홉스와 로크는 자연권이라고 알려진 새로운 학설을 만들었다. 자연 상태에서 자신의 보존을 위한 욕망이 시민사회의 근본인 사회 계약을 성립시켰다는 것이다. 로크에 따르면, 정부의 근본적인 의무는 생명권, 자유권, 재산권을 보호하는 것이다. 자연권에 대한 이런 개념은 인간과 사회에 대한 이론적인 견해를 넘어 실질적인 행동 규칙을 만들고자 하는 노력으로 이어졌다. 처음에 자연법은 정치와 종교의 자유에 대한 지속적인 관심에서 출판의 자유를 강조하였다. 노예제도의 폐지와 범죄자에 대한 인간적인 대우는 자연권 운동의 일부를 구성했다.

18세기 말에 프랑스에서 일어난 정부와 왕족에 대한 반란과 식민지 미국의 독립선언 등은 국가가 국민을 어떻게 대우해야 하는지에 대한 활발한 논쟁을 불러일으켰다. 이 시기 전까지 특권을 가진 남자들이 인권의 개념에 관한 논의의 중심적인 위치에 있었다. 전부는 아닐지라도 많은 사람은, 인권은 오직 남성을 위하여 존재하는 것으로 이해하고 있었다. 그러나 1787년 프랑스의 철학자 콩도르세(Condorcet)는 여성도 남성과 똑같이 자연권을 가진다는 여성의 권리에 대한 논문을 출판하였다. 프랑스 혁명(1789) 동안 여성들은 고루한 봉건사회를 상대로 싸우는 데 누구보다 열심이었다. 여성들은 시위를 주도하고 왕을 베르사유 궁전에서 끌어냈다. 파리에 있던 여성 조직들은 결혼법의 수정, 여성의 사회적 지위 향상과 더불어 남성과 같은 정치적 자유를 요구했다.

이 시기, 여성의 권리에 대해 가장 적극적인 지지를 보낸 사람은 올랭페 드 고르지였다. 2년 후 혁명이 시작되자, 그녀는 여성의 권리에 대한 선언을 공표하고 여성들을 위해서 남성의 권리와 같은 여성의 권리를 주장하였다. 그러나 반발이 거세짐에 따라 프랑스 정부는 1793년 고르지를 처형하고 여성의 정치적인 활동을 금지했다. 고르지의 목을 베는 비극적인 아이러니는 1789년에 프랑스 정부가 채택한 '시민과 남성에 관한 인권선언(Declaration of Rights of Man and Citizen)'을 보면 자명해진다. 그 선언은 오직 남성들에 대한 과도한 처벌로부터의 자유, 사상과 종교의 자유, 말하기, 쓰기, 출판의 자유를 포함한 특정한 소극적인 권리만을 언급하고 있다. 나중에서야 여성도 기본적인 인권과 자유를 누릴 권리가 있는 것으로 명확하게 인정되었다.

프랑스 혁명이 한창일 때, 미국의 식민주의자들은 영국에 대항하도록 내부봉기를 선동하였다. 이 독립전쟁 중에 '독립선언서(Declaration of independence, 1776)', 미국 헌법(1787 개정)과 같이 인간의 권리에 관한 다양한 선언문이 나왔다. 독립선언서는 특히 생명, 자유, 행복의 추구와 같은 내용을 자명한 권리로 포함하고 있다. 미국 헌법의 주요 부분은 '권리장전(Bill of Right)'인데, 새로 생성된 미국의 기능을 명시하는 헌법 조항 바로 뒤에 포함되어 있다. 권리장전은 미국 헌법에서 10개의 수정조항으로 구성되어 있으며 특정한 시민권과 정치적인 권리를 명시하고 있다.

예를 들어 수정 헌법 제1조에서 정부는 국교를 정하거나(특정 종교를 특별히 배려하는) 자유로운 종교의 자유를 행사하는 것을 금지하는 법률을 만들 수 없도록 규정하고 있다. 또 정부는 언론과 출판의 자유와 평화적인 집회의 자유를 금지할 수 없다. 국민은 불만 사항을 시정하기 위하여 정부에 청원할 권리가 있으며, 그 외에 다른 수정조항에서 부당한 수색을 받지 않을 권리(수정 헌법 제4조), 잔인하고 비정상적인 처벌을 받지 않을 권리(수정 헌법 제8조)를 보장하고 있다. 또한, 자기에게 불리한 진술을 강요당하지 아니하며, 정부는 적법절차에 의하지 아니하고는 개인의 생명, 자유, 재산을 박탈할 수 없다(수정 헌법 제5조). 이처럼 권리장전은 정치적, 시민적 문제와 관련된 정부의 행위를 제한하고 규정하는 데 크게 공헌했다. 그러나 권리장전과 미국 헌법이 빠뜨린 것은 경제적, 사회적 요구에 대한 보장 부분이다. 그것은 인간의 생존적인 면에 초점을 둔 또 다른 개혁을 불러왔다.

18세기 후반과 19세기 초반에 영국, 유럽, 미국에서 산업혁명의 시대가 열렸다. 그러자 농사짓던 사람들이 땅을 버리고 공장에서 일을 구하려 하였다. 공장노동자가 된 이들에게 위생 상태가 불량한 환경에서 오랜 시간 일하는 것은 흔한 일이었다. 공장 주인들은 노동자의 노동에 비해 적은 임금을 주면서 노동자를 착취하였다. 어린이들도 아주 어릴 때부터 공장에서 일했다. 당시 사람들은 이런 환경이 정상적인 환경이라고 느꼈다. 그러나 산업화 사회에서의 노동력 착취에 대한 반대가 18세기 중반부터 나타나기 시작했다. 마르크스(Mark)와 엥겔스(Engels)는 공장 주인이나 다른 생산 수단으로 노동자 계층을 착취하는 것에 반대하는 '공산당 선언(Communist Manifesto)'을 발표했다. 이 선언은 자본계급에 대한 계급투쟁과 궁극적으로 노동자들이 모든 생산수단을 점유할 것이라는 내용을 다루고 있다. 비록 마르크스와 엥겔스의 예측이 실현되지는 않았지만, 저변에 깔린 이념은 경제발선이 미흡한 국가들의 관심을 끌었다.

19세기 후반 무렵, 사회운동가들이 대량 빈곤과 같은 광범위한 경제 문제에 대해 개인적인 대응만으로는 해결이 힘들다는 사실을 인식하기 시작함에 따라 유럽 국가들은 사회복지의 확대를 장려하였다. 20세기 초 제1차 세계대전과 그 전쟁의 여파는 인류의 상호의

존성에 대한 큰 관심을 불러 일으켰다. 전쟁을 비난하고 국제적인 협력을 할 수 있는 제도적인 틀이 만들어졌다. 국제연맹(League of Nations)의 창설, 국제노동기구(ILO)의 설립, 사회복지에 관한 국제회의 등과 같은 사회복지 기관들의 설립은 새로운 국제적, 지역적, 국가적 협력 분위기를 보여준다. 이러한 국제적 사회복지사업의 촉진은 사회복지의 가치가 국경을 초월할 수 있다는 중요한 개념을 형성하였고, 결과적으로 몇 년 후 세계인권선언의 초안에서 사회복지가 분명한 개념으로 등장하게 했다. 하지만, 인권이라는 개념이 사회복지의 토대가 되었음에도 인권 문제에 관한 공식적인 교육은 없었다.

전쟁의 위험을 인식하고 있었고, 특히 제1차 세계대전의 거대한 파괴에도, 유럽은 다시 무력 전쟁에 휩싸였다. 이제 갓 만들어진 국제적인 기구들은 제한된 자원과 실질적인 집행력(집행수단)의 부족 때문에 쇠퇴하고 있었다. 예를 들면, 국제연맹은 처음부터 미국이 회원국으로 참여하지 않는 등 난관에 봉착하였다. 국제연맹은 유럽 국가들이 세계 문제에 대해 의논하는 포럼에 불과할 뿐 결정을 집행할 수 있는 수단이 없었다.

1939년 히틀러(Hitler)의 폴란드 침공으로 제2차 세계대전이 시작되었고, 제1차 세계대전보다 더 많은 나라와 지역이 전쟁에 관여하였다. 1945년 이 큰 재난이 끝나기도 전에 많은 나라가 인권 개념에 상당한 관심을 보였다. 전시 중에 독일에 대항한 연합군의 주요 국가들이 런던, 모스크바, 미국, 얄타에서 개최된 회의에서 국제연맹의 실패에 관한 성명을 발표했다. 이들은 국제적인 평화와 안정을 위해서 유엔(UN)의 필요성을 강조했다. 1941년 미국 대통령 루스벨트(Franklin D. Roosevelt)는 언론과 표현의 자유, 종교의 자유, 궁

핍으로부터 자유(경제적 안정), 공포로부터의 자유(예: 국제적인 평화) 등 4가지 자유를 선언하였다. 3년 후 루스벨트 대통령은 국회에 경제적 권리장전(기본적 인권)을 실행하는 방법을 조사하여 달라고 요청하였다. 경제적 권리장전이란 유급 직업, 충분한 음식 · 의복 · 휴양을 제공할 수 있을 만큼 충분한 수입, 적당한 집, 의료 혜택, 그리고 은퇴 · 장애 · 실업에 대한 보장과 양질의 교육을 의미한다. 이러한 모든 개념은 곧이어 만들어진 세계인권선언에도 인용되었다.

세계인권선언의 제정이 주로 유럽과 미국의 프로젝트(project)인 것 같지만 사실은 다르다. 세계의 다른 지역도 그들만의 법과 원칙, 종교를 만들었고, 결과적으로 세계선언에 포함된 것과 비슷한 개념도 많이 가지고 있다. 예를 들면, 중국의 전통적인 유교사상은 근대 인권이론의 기초가 되었다. 남아메리카에서는 볼리바르(Simón Bolívar)가 이끈 19세기 시민운동과 그 후 다른 사람들의 운동이 인권원칙 설립의 추진력이 되었다. 옛 소련에서는 1936년 소비에트 헌법에서 시민과 정치 권리에 관한 많은 언급이 있었고 경제적, 사회적 권리를 강조하였다. (엘리자베스 라이커트, 2008)[47]

미국 원주민 같은 토착민의 자유, 평화, 민주주의 개념도 인권의 발전에 공헌하였다. 그럼에도, 19세기에 유럽 국가들과 미국은 아프리카 원주민, 아시아 일부에 대한 거대한 식민지화를 시작했다. 식민지의 주인이 누군지에 따라 정치적 · 시민적 자유의 정도가 달랐다. 호주와 미국의 새로운 시민은 원주민에 대한 대량 학살을 선동하였다. 이러한 행동의 근거는 원주민들이 열등하고 근대국가에 공

47) 엘리자베스 라이커트, 국가인권위원회 역, 2008, 『사회복지와 인권』, 인간과 복지.

헌하는 것이 거의 없다는 것이었다. 불행하게도 식민지화와 원주민의 축출은 원주민들의 목소리를 잠재우고 말았다.

3) 1945년 이후의 발달

제2차 세계대전은 1945년 3월 유럽지역에서 독일의 패배, 같은 해 8월 일본의 패배로 종전(終戰)되었다. 전쟁의 참상이 너무 끔찍해서 전쟁이 종결되자 전 세계 모든 지역의 사람과 국가는 제2차 세계대전과 같은 전쟁이 한 번 더 일어난다면 아마도 인류의 종말을 가져올 것이라는 사실을 깨달았다. 이로써 범세계적인 행동 법칙이 진지하게 추진되기 시작하였다.

1945년까지는 국가 주권이라는 개념이 국제관계를 지배했다. 자국의 영토 내에서는 국가가 자신들의 문제를 통치했다. 일반적으로 어느 국가든지 다른 나라의 문제에 간섭하지 않았고, 자국의 국민에게 어떤 행동을 하더라도 그것은 그 국가만의 일이었다. 물론 타국의 문제에 대한 불간섭 중시는 결과적으로 식민지화와 정해진 국경이 없는 사람들에 대한 파괴를 막지 못했다. 아프리카인, 아메리카인(원주민), 호주인(원주민), 그리고 다른 토착민들은 결국 자국의 영토를 넓히려고 온 유럽인들을 이길 수 없었다. 그렇지만 제2차 세계대전 이후, 한 국가가 자국의 문제에 대하여 타국의 간섭 없는 완전한 통치권을 가진다는 생각은 다소 완화되었다. 극단적인 민족주의는 특정 나라 안에서 심각한 인권침해가 일어났을 때 국제사회가 이에 대하여 침묵해서는 안 된다는 범국가적인 의식으로 대체되었다. 그 후의 주된 문제는 모든 나라가 동의하는 정의된 권리, 학대, 국제적인 원칙이었다.

1945년 6월 미국 샌프란시스코(San Francisco)에서 소련, 프랑스, 쿠바, 칠레, 파나마와 같은 여러 나라가 국제연합 창설의 토대를 만들었다. '국제연합 헌장'은 기본적인 인권에 대한 신뢰를 재확인하는 기구의 창설을 약속하였다. 헌장 제1조는 인권에 대한 존중과 인종, 성, 언어, 종교에 따른 구분 없이 모든 사람의 근본적인 자유를 증진하고 촉진하는 것에 대하여 언급하고 있다. 헌장의 한 부분으로, 참여자들은 인권 위원회를 설립하는 것에 합의하였다. 인권 원칙의 발달은 수 세기 동안 계속되었지만, 1946년 유엔 인권위원회가 설립되기 전까지 인권이라는 용어는 자주 쓰이는 표현은 아니었다.

새롭게 만들어진 국제연합에서 권리에 대한 국제적인 선언은 주요 안건이었다. 그러나 대다수 나라가 인권과 관련된 조항을 받아들이는 것을 꺼렸다. 소련에는 굴라그(Gulags)라고 부르는, 정부 의견에 반대하는 사람들을 가두는 강제노동수용소가 있었고, 미국에는 다양한 인종 문제가 있었다. 유럽인들은 식민지국들을 가지고 있었다. 이러한 주변 환경은 인권의 원칙과 배치되는 것이다. 결과적으로 인권을 보호하는 강력한 국제적인 메커니즘을 만드는 것은 위와 같은 주요 국가들의 이익에 반하는 것이었다. 소련은 인권조사관이 자국의 강제노동수용소에서 반정부 인사들과 접촉하는 것을 달갑게 여기지 않았다. 미국도, 특히 남부에서 조사관이 인종 차별 정책과 유사한 상황을 조사하는 것을 원치 않았고, 또 유럽도 인권조사관이 아프리카와 아시아에서 일어나는 노동착취에 대해 조사관이 관찰하는 것을 원치 않았다.

다행스럽게도 주요 국가들이 설정한 기준보다 훨씬 구체적이고 포괄적인 개념의 인권을 위한 원동력이 비정부기구(NGO)와 같은 민간기구의 형태로 나타났다. 국제연합 인권부서 초대 이사였던 험

프리(John Humphrey)는 "전문상담역으로 활동하는 42개 민간기구의 헌신적인 대표들과 대리인들이 없었다면, 인권은 오직 일시적인 참고사항으로 받아들여졌을 것이다."라고 했다. 비정부기구와 헌신적인 국가들의 노력으로, 인권 증진이 진일보하여 1947년에는 인권에 대한 국제적인 여론이 더욱 적극적으로 나타났다.

인권위원회는 1947년 초에 첫 번째 회의를 개최 했는데, 미국 루즈벨트를 위원장으로, 프랑스 르네 카생(Rene Cassin)을 부위원장으로 선출했다. 인권위원회 회원은 오스트레일리아, 벨기에, 벨라루시, 소련, 칠레, 중국, 이집트, 프랑스, 인도, 이란, 레바논, 파나마, 필리핀, 영국, 미국, 소련, 우루과이, 유고슬라비아 대표들이었다. 인권위원회는 개인의 권리와 의무에 관한 많은 조항을 포함하는 인권에 관한 최초 문서의 초안을 작성했다. 이 문서는 정치 · 사회 · 경제적 권리를 포함하고 있었으나 각각의 권리에 얼마만큼의 권한을 부여하여야 하는지에 대해서는 견해가 달랐다. 1948년 6월 마침내 위원회는 선언문 초안을 완성했고 국제연합 총회가 이 초안을 심의하였다. 인권위원회가 인권선언 초안을 국제연합 총회에 제출하였을 때 56개 회원국으로 구성되어 있었다. 대부분 나라가 남미나 북미 대륙, 유럽, 소련에 있었다. 몇몇 아랍 국가도 회원국이었지만 유럽 제국들에 의한 식민지화로 말미암아 아시아에는 회원국이 거의 없었다. 1950년대 후반이 되어서야 식민지 국가들이 독립하고 회원국이 되기 시작했다.

1948년 회원국들이 적었음에도, 인권선언문 초안에 대한 활발한 토론이 펼쳐졌다. 여러 국가가 인권 원칙 이행을 보장할 수 있는 강제조항의 필요성에 동의했으며, 국제연맹처럼 무기력한 국제기구를 원치 않았다. 단순한 립 서비스(말치레)가 아니라 실질적으로 인권을 보장할 수 있어야 한다는 점에 대해서는 원칙적인 동의가 있었다. 미국은 정치적인 권리와 시민권에 주력하였고, 경제적 권리와 사회적 권리는 보장하지 않았다. 이러한 관점은 일반적으로 미국이 생각하는 정부와 사회의 성격과 일맥상통하는 것이었다. 아무도 다른 사람에게 직장, 실업수당, 의료보장에 대한 의무가 없는데 왜 정부가 그것에 대하여 책임을 져야 한단 말인가?

그러나 정부는 종교에 관해서는 참견하지 말아야 하며, 검열을 자제해야 하고, 시민의 자유를 정부가 간섭하지 않도록 다양한 안전장치를 확실하게 마련하여야 한다는 것이 미국의 생각이었다. 반면, 소련은 언론의 자유와 다른 정치적 권리가 미국 스타일이며 자국에 해가 된다고 여겼다. 그 대신에 경제적 · 사회적 이익을 모든 국민에게 분배하는 것이 우선이라고 여겼다. 다른 나라들, 특히 사우디아라비아는 종교를 변경할 자유, 결혼에 관한 동등한 자유 등에 반대하는 데 역점을 두었다. 그러한 것들이 모든 이슬람 국가의 결혼법과 배치된다고 생각했기 때문이었다. 남아프리카공화국은 인종 차별 정책인 아파르트헤이트(Apartheid)를 비난하는 데 사용될 수 있는 인권신언 초안의 많은 조항에 대하여 반대하였다. 인권위원회에서 라틴아메리카 국가들의 대표역할을 맡은 칠레는 경제적, 사회적인 권리가 보장되어야만 파시즘(fascism)[48]으로 회귀를 막을 수 있

48) 파시즘(fascism)은 정치적으로 급진적이며 권위적, 민족주의적인 정치 이념이자 협동조합주의 경제사상이다. 파시즘은 자국의 국가, 인종, 민족이 이를 구성하는 개인, 무리, 기구보다 우월하고 중요하다고 주장하며 찬양한다. 파시즘에서는 일당제를 옹호한다. 파시즘 정부는 정부와 파시즘 운동에 대한 비판과 반대를 금지하고 억압한다. 파시즘은 계급투쟁에 반대하는데, 자본주의와 자유 민주주의가 계급투쟁을 만들었으며 공산주의자들이 이 개념을 갖고 이용한다고 하여 양자 모두를 비판한다.

다고 주장하였다.

세계인권선언이 될 문서의 마지막 초안은 최근 전쟁의 지울 수 없는 흔적을 포함하고 있었다. 프랑스 대표 르네 카생은 "제2차 세계대전은 인권을 위한 십자군 전쟁의 성격을 가지고 있었으며, 인권선언은 전쟁의 참상에 대항하기 위하여 가장 절실하게 필요한 것이다."라고 주장하였다. 1948년 12월 10일 국제연합 총회는 세계인권선언을 채택했다. 선언은 반대 없이 통과됐지만, 소련, 사우디아라비아, 남아프리카공화국 등은 선언 속에 포함된 특정 조항에 반대해 투표에서 기권하였다. 세계인권선언은 법적 구속력이 있는 문서가 아니다. 하지만 만약 선언이 없었다면 누가 미국과 소련과 같이 영향력 있는 나라에 선언의 내용을 집행할 것인가? 보편적 인권에 대한 공통의 선례가 존재하게 된 것이다. 이러한 성취에 대한 중요성이 과소평가되어서는 안 될 것이다. 이후에 인권이라는 개념은 사회복지사, 철학자, 교육자, 정치적 지도자, 법률가 등 다양한 그룹의 활동에 놀라울 정도로 많은 영향을 미쳤다. (엘리자베스 라이커트, 2008)[49]

49) 엘리자베스 라이커트, 국가인권위원회 역, 2008,『사회복지와 인권』, 인간과 복지.

4. 북한과 탈북자의 인권 실태

1) 북한의 인권 실태

(1) 시민 · 정치적 인권 실태

① 생명권

근세 이후 서양 세계를 지배해 온 사회사상이나 윤리사상의 출발점이 된 것은 '인간의 존엄성' 개념이었다. 그리고 동양에서도 옛날부터 인간을 귀한 것으로 보는 전통이 있어왔으며, 여기에 다시 서양의 인권사상이 도입되어 오늘에 이르렀다. (김태길, 1986)[50] 다시 말해 인권은 일반적으로 인간에게 천부의 생래적이고 전 국가적인 불가침의 권리로 여겨지고 있는 것이다. 그리고 이 같은 인권의 이념적 기초로서 인간 존엄이 인식되고 있는 것이다. 인권사상의 핵심적 가치는 인간의 존엄성에 기초를 두고 이를 실현하는 방법적 기초를 '평등권'에서 찾으면서, 모든 국민의 사생활과 정신생활 그리고 정치 · 사회 · 문화생활에 필요한 자유와 권리를 보장하는 것이다.

인권의 기초적 개념이 되는 '인간의 존엄성과 가치'의 의미에 대해서는 학자마다 견해가 다르지만, 허영은 '인간의 내용을 이루는 윤리적 가치'라고 주장하고 있다. 이때 윤리적 가치란 인격의 내용을 이루고 있는 것이기 때문에 양도할 수도 포기할 수도 없고, 때와 장소의 제약도 받지 않는 초국가적인 개념으로서, 자연법사상에 뿌리를 두고 있다. 더 구체적인 의미는 역사성이나 사회성에서 탈피되고 유리된 개인주의적 인간이나 집단주의적 인간도 아니며, 그것은

50) 김태길, 1986,『인간의 존엄성과 성실』, 삼육출판사.

양도하거나 포기할 수 없는 고유한 윤리적 가치의 주체이면서 동시에 사회공동체의 구성원으로서의 고유한 인격 내지는 개성의 신장을 통해서 사회공동생활을 책임 있게 형성해나갈 사명을 지닌 자주적 인간을 뜻한다. (허영, 1995)[51]

그러나 인권의 개념에 전제가 되는 것은 무엇보다도 생명권일 것이다. 생명이 없이는 그 어떤 가치도 무의미하기 때문이다. 그래서 생명의 존엄성은 인간이 지닌 가장 기본적이면서 핵심적인 권리로, 어느 누구도 자의적으로 다른 사람의 생명을 박탈할 수 없다. 모든 국가는 생명을 보호할 의무가 있고, 모든 사람은 마땅히 생명을 보장받을 권리가 있는 것이다. 국제인권규약 B규약에는 "모든 인간은 고유한 생명권을 가지며 … 어느 누구도 자의적으로 자신의 생명을 박탈당하지 않는다."라고 규정하고 있고, 또 사형을 폐지하지 않는 국가에서의 사형은 당시 현행법과 여러 국제규약에 저촉되지 않는 범위에서 가장 중요한 범죄에 대해서만 선고되어야 하며, '권한 있는 법원이 내린 최종 판결에 의해서만 집행'될 수 있다고 명시하고 있다. (강명옥, 2006)[52]

북한은 2004년 개정된 형법에서 국가전복죄, 테러죄, 조국반역죄, 민족반역죄 등 반국가범죄 및 반민족범죄, 고의적 중살인죄에 대해 사형을 부과하도록 규정하고 있다. 다만 2004년 개정된 형법에서는 사형에 대해 범죄구성요건을 좀 더 엄격히 하는 조치를 취하고

51) 허 영, 1995, 『한국헌법론』, 박영사.

52) 강명옥, 2006, 『북한인권과 국제사회』, 연세대학교 박사학위논문.

있다. (김수암 외, 2007)[53] 그러나 북한 형법에서 반국가범죄를 구성하는 규정이 모호하고, 이데올로기적인 편향성을 띠고 있으며, 사형을 징벌형으로 채택하고 있는데도, 북한은 이 같은 범죄 행위에 대해 사형을 집행함으로써 정치범과 양심수뿐만 아니라 일반 주민의 생명권을 위협하고 있다. 특히 사형 조항에서 '정상(범죄의 사정)이 특히 무거운 경우' 사형을 집행할 수 있다는 것은 얼마든지 자의적인 해석이 가능한 것이어서 문제의 소지가 있다고 할 수 있다.

북한에서 생명권을 짓밟는 대표적인 행위는 공개처형이다. 공개처형에 대해서는 국제사면위원회의 보고서를 통해서 잘 알려졌다. 많은 탈북자 또한 대중이 집결하는 장소에서 공개처형이 이루어지는 것을 보았다고 증언한다. 이러한 공개처형은 북한의 국내법을 위반한 것이기도 하며, 북한 주민의 생명권을 위협하는 인권유린 행위라고 할 수 있다. 북한에서 이루어지는 공개처형은 북한의 형법과 형사소송법 규정 위반이다. 실제 북한에서는 북한체제에 대한 저항 행위, 외부 유통과 관련된 행위, 경제사범, 사회 일탈 행위(인신매매, 살인죄 등) 등 다양한 죄목으로 공개처형이 이루어지고 있다. 또한, 정치범수용소 내에서도 공개처형이나 비밀처형이 이루어지는 것으로 알려진다.

② 자유권

자유권에는 신체의 자유, 거주 · 이전의 자유, 사생활의 자유, 사상 · 양심 · 종교의 자유, 언론 · 출판 · 집회 · 결사의 자유 등이 해당

53) 김수암 · 이금순 · 임순희, 2007, 『북한인권백서 2007』, 통일연구원.

된다. 북한 헌법 제79조는 공민의 '신체자유' 권리를 명시하고 있다. 즉 "공민은 인신과 주택의 불가침, 서신의 비밀을 보장받는다. 법에 근거하지 않고는 공민을 구속하거나 체포할 수 없으며 살림집을 수색할 수 없다."라고 규정하고 있다. 그러나 이러한 규정에도 불구하고 불법적인 구금과 인신 구속이 – 특히 정치범에 대해서는 – 광범위하게 자행된다고 한다.

또 북한 헌법 제75조에서 "공민은 거주, 려행의 자유를 가진다."라고 규정하고 있으나, 중앙인민위원회 결정 제56, 57조에 의해 여행 시 인민보안성(구 사회안전부)의 허가를 받을 것을 규정하고 있어 세계인권선언 제13조와 B규약 제12조에 규정된 거주 · 이전의 자유의 권리를 침해하고 있다.

자유권 중 '사생활의 자유'도 법에서 보장한 것과 실상에는 많은 차이가 있다. 북한 헌법 제79조는 "인신 주택의 불가침, 서신의 비밀을 보장받는다."고 규정하고 있다. 그러나 5호담당제와 인민반 활동을 통해서 전 주민의 사생활을 철저히 감시하고 있고, 주 1회 시행하는 집단학습제도인 '생활총화제도'를 통해 개인의 사생활을 조직에 보고하도록 하고 있다.

자유권의 하나인 '사상 · 양심 · 종교의 자유' 또한 법의 내용과 실제 적용상에 큰 괴리가 있다. 북한 헌법 제68조에서는 신앙의 자유를 보장하고 있다. 북한은 1980년대 들어서서 종교인들의 방북, 남북한 종교인 접촉, 제한적 종교의식 등을 허용하면서 표면적으로 다소 긍정적인 종교정책을 펴고 있으나, 여전히 신앙의 자유는 보장되지 않는다. 종교인들을 탄압하고 종교 서적의 반입 또한 철저히 막고 있다. 최근에도 북한은 지하 기독교인들을 공개처형하는 등 체제 유지를 위해 종교와의 전쟁을 벌이고 있다. 한편 '사상의 자유'에 대해서는 헌법 제81조에서 정치 · 사상적 통일을 강조함으로써 이를 전면적으로 부정하고 있다. 이것은 김일성의 주체사상과 혁명사상에 의해서만 지도되며 유일사상체계를 세운다는 통치이념에서도 분명하게 나타난다.

한편 '언론 · 출판 · 집회 · 결사의 자유'에 대해서도 헌법 제67조 규정을 통해 보장하고 있으나, 실제로는 당의 필요에 의한 집회나 결사만 허용될 뿐 일반 주민의 자유의사에 의한 집회나 시위는 허용되지 않는다.

③ 평등권

평등권이란 국가가 개인의 평등을 침해하는 경우 국가에 대해서 방어와 보호를 적극적으로 주장할 수 있는 주관적 공권이라고 할 수 있다. 북한 헌법 제65조는 평등권에 대해 규정하고 있으나, 실제로는 계층에 따른 차별정책을 시행하고 있다. 북한에서는 주민을 크게 핵심군중(핵심계층), 기본군중(동요계층), 복잡군중(적대계층) 등 3계층으로 분류하고 있다. 탈북자들은 성분 구분이나 계층 분류가 정치적 · 사회적 지위와 교육 · 직업 · 결혼 등 북한에서의 일상생활에 중대한 영향력을 미치고 있다고 증언하고 있다. (조관용 외, 2009)[54]

핵심군중은 북한체제를 이끌어가는 통치계급으로 전체 주민의 약28%를 차지한다. 여기에는 김정은과 그의 가족 및 친척 외에 약 20만 명(인구의 1%)으로 추산되는 고급간부, 인구의 26~27% 정도를 차지하는 중 · 하위급 간부들이 포함된다. 이들은 대부분 항일혁

54) 조관용 · 김윤영, 2009, 『탈북자와 함께하는 통일』, 한울.

명투사와 그 가족, 6 · 25전쟁 당시 피살자와 전사자의 유가족이다. 북한은 핵심군중의 자녀를 위해서 각종 특수학교와 만경대혁명유자녀학원, 강반석혁명유자녀학원 등을 설립해 운영하고 있다. (김수암 외, 2007)[55]

중류층인 기본군중은 북한체제의 핵심군중에 속하지 않고 당원이 아닌 일반노동자, 기술자, 농민, 사무원, 교원 및 그 가족 등을 중심으로 구성되며, 전체 인구의 약 45%를 차지한다. 이들은 주로 하급간부나 기술자로 진출하고 있으며, 불규칙적으로 지급되는 임금과 장사 등으로 생활을 꾸려간다. 대부분 지방의 중소도시와 농촌에 살고 있는 이들은 불충분하고 차별이 심한 보건 혜택 속에 빈곤한 생활을 영위하고 있다. 이들 중에서 일부는 충성도와 기여도에 따라 핵심군중으로 신분이 상승하기도 한다.

하류 계층에 속한 복잡군중은 전체 인구의 약 27%를 차지하며, 이른바 불순분자, 반동분자로 낙인찍힌 자들로서 사회에서 소외된 계층이다. 복잡군중 가운데는 월남자 가족이 다수를 차지한다. 월남자는 6 · 25전쟁 이전 월남자와 전쟁 기간 중 월남자로 구분된다. 지주, 자본가, 종교인 등 6 · 25전쟁 이전 월남자도 적대계층으로 간주되지만, 특히 전쟁 중 월남자는 주민들이 전쟁으로 고생하던 시기에 '사회주의 조국을 버리고 떠난 반혁명분자' 또는 '반동분자'로 낙인찍혀 사회적으로 엄중한 처벌을 받았다. 북한 당국은 공식적으로 성분정책을 탈피해야 한다고 홍보하고 있지만, 실제 기층 민중 사이에는 차별적 성분구조가 여전히 존재한다.

---

55) 김수암 · 이금순 · 임순희, 2007, 『북한인권백서 2007』, 통일연구원.

출신 성분에 따라 차별 대우하는 성분정책으로 기본군중의 사회적 진출이 억제되기도 하지만, 성분정책으로 직접적인 피해를 입는 부류는 역시 복합군중에 속하는 사람들이다. 복합군중으로 분류된 사람들은 고용·교육·주거·의료 혜택 등 사회생활의 모든 분야에서 차별 대우를 받는다. 이들은 대체로 힘들고 유해한 중노동에 종사하고 있으며, 강제이주를 통한 격리 수용 및 항시 동태를 감시당하는 고립 대상, 집중적인 교양학습을 통해 체제 순응적으로 교육받는 포섭 및 교양 대상 등으로 구분되어 관리된다.

한편 북한에서는 통치체제를 유지하기 위한 핵심적인 수단으로 연좌제를 이용한다. 연좌제는 정치·이념적 범죄 관련 가족들을 처벌하는 것으로, 수평적으로는 직계가족에 대한 처벌과 수직적으로는 후세대에 대한 차별로 이어진다. 북한 당국은 그러한 가족의 기록을 유지하여 주민 통제 수단으로 활용하고 있다.

④ 참정권

참정권은 국민이 국가의 의사결정에 직간접적으로 참여하는 권리, 선거권, 피선거권, 공무원이 될 수 있는 권리를 말한다. 국민은 누구나 투표에 참여하거나 하지 않을 자유가 있으며, 또한 자유의사에 의해 자기가 원하는 후보에게 투표할 자유가 있다. 따라서 자신에 의사에 반하여 강제로 어느 특정 후보에게 투표하도록 강요당하지 않을 자유가 있다. 아울러 투표는 공정하고 비밀이 보장되어야 하며, 법적 절차에 따라 공정하게 행해져야 한다.

북한은 헌법 제4조에서 최고인민위원회와 각급 지방인민회의를 통한 주권행사, 제6조에서 일반·평등·직접·비밀선거 보장, 제7조에서 대의원 소환권, 제66조에서 선거권과 피선거권을 규정하여

참정권을 보장하고 있다. 그러나 주권이 노동자 · 농민, 근로인테리와 모든 근로인민에게 있다고 규정하여 보편적인 국민주권을 거부하고 있다. 또한, 단독 입후보만을 인정하기 때문에 자유선거라고 할 수가 없고 흑백 투표함 방식 또는 반대만 기표하는 방식을 사용해 사실상 비밀선거라고 할 수가 없다. (강명옥, 2006)[56]

(2) 경제 · 사회 · 문화적 인권 실태

① 생존권

북한 헌법 제25조에는 국가가 근로자들에게 온갖 조건을 제공해준다고 규정하고 있어 물질적 생존권을 보장하고 있다. 그러나 실제로 북한 주민은 식량난으로 인간의 가장 기본적인 생존권을 위협받고 있다. 북한의 식량 공급 부족은 1991년 북한 정부가 '하루 두 끼 먹기' 운동을 벌이면서 외부에 알려졌다. 북한은 1995~1997년에 일어난 자연재해로 식량 공급이 급격히 감소해, 1997년에는 전체 인구의 약 6%에게만 식량 공급이 가능했다.

북한에서는 극심한 식량난으로 수백만 명이 굶어 죽었다. 아마도 역사상 한 국가의 국민이 짧은 시간에 이렇게 많이 굶어 죽은 사례를 찾기 어려울 것이다. 북한에서는 모든 생산수단이 사실상 국가의 소유이다. 협동농장의 토지에 대해 '협동적 소유'라고 하지만, 사실상 당이 소유하고 있고, 당의 소유는 곧 국가의 소유로 되어 있어, 결국 협동농장의 토지를 마음대로 관리할 수 있는 수령의 소유이다. 북한 통치자들은 생산수단을 모두 독점하고 있으면서도 인민들에게

56) 강명옥, 2006,『북한인권과 국제사회』, 연세대학교 박사학위논문.

생활 조건을 보장해주지 않고 있다. 다시 말해, 북한에서는 토지뿐만 아니라 공장과 농장 모두 국가 소유이기 때문에 수백만 명이 굶어 주는 것은 전적으로 정권의 모든 부를 독점하고 있는 수령이 책임져야 하는데도, 북한 통치자는 이에 대해 조금도 책임지지 않는다. 식량난으로 북한 주민이 얼마나 고통을 받으며 인간 이하의 삶을 살고 있는지는 다음 탈북자의 고백을 통해 알 수 있다.

> "나는 18세 소년이다. … 나는 원래 조선에서 살았다. 나라에서 배급을 주지 않고 계속 흉년이 지고 살아가기 힘들게 되자 나의 부모는 우리를 버리고 어디론가 가버렸다. 그리하여 나와 동생은 길거리를 다니면서 밥을 빌어먹기도 하고 도둑질을 해서 먹기도 했다.
>
> 밤이 되면 역전의 으슥한 곳에서 쪼그리고 앉아서 이마를 쪼다가 깨어나서는 아침거리를 찾으러 거리를 다니며 류량 걸식을 해왔다. 그러던 끝에 동생이 파라티푸스에 걸려 말 한마디 못하고 눈을 감았다.
>
> 동생을 보면서 나도 잘못했다가는 동생처럼 죽을 것이란 생각이 내 머리를 쳤다. 나는 이를 악물고 빌어서 먹고, 남이 먹는 것을 날래게 채서 입으로 넣고는 뛰었다. 이렇게 수단과 방법을 가리지 않고 살기 위해서 노력했다. 나의 부모는 나를 버렸지만, 밥을 먹을 때마다 부모 생각에 잠기곤 한다(함경북도 어랑군, 18세 남)." (좋은 벗들 편, 1999)[57]

57) 좋은벗들 편, 1999,『두만강을 건너온 사람들』, 정토출판.

이처럼 먹을 것이 없어서 부모가 자식을 팔고, 풀뿌리와 나무껍질을 먹고 목숨을 연맹하는 북한을 어떤 사회라고 불러야 할까! 북한 사회는 인간의 가장 기본적인 생존권을 박탈하는 사회이다. 이러한 체제에 살다가 온 북한이탈주민들은 한창 클 나이에 제대로 먹지 못한 탓에 남한 사람들과 비교할 때 훨씬 왜소하다. 이보다 이들이 겪는 정신적 고통은 더 심각하다. 북한이탈주민이 남한 사회에 적응하지 못하는 중요한 이유 중 하나는 이들이 북한 체제에서 겪었던 정신적 충격 때문이라고 정신과 전문의들은 지적한다. 북한이탈주민 정착지원사무소(하나원)의 산하기관인 하나의원에 따르면, "북송 과정과 감옥에서 겪은 고충, 핍박…. 북한에서 겪은 외상(Trauma)이 북한이탈주민에게 반복적인 스트레스로 나타난다."며 "이는 남한 생활 정착에 불편함과 혼란을 초래한다."고 말했다. (천지일보, 2012. 6.

11.)[58] 그래서 정신과 전문의들은 북한이탈주민을 위한 정신건강 치료 프로그램을 마련해야 한다고 주장한다. (전우택, 2000)[59]

② 사회보장권

사회보장권이란 신체장애, 질병, 노령, 실직 등으로 보호가 필요한 개인이 인간의 존엄에 상응한 인간다운 생활을 영위하기 위해 국가에 일정한 급부를 요구할 수 있는 권리를 말한다. 북한의 헌법과 사회보장법 등을 보면, 북한은 제도적으로는 완전한 사회보장이 가능한 복지국가를 지향하고 있는 것으로 보인다. 북한 헌법 제72조에는 공민은 무상으로 치료받을 권리, 병약자 · 노약자 · 어린이 등은 '물질적 방조'를 받을 권리를 지니며, 이 권리는 무상치료제, 의료시설, 국가사회보험과 사회보장제를 통해 보장된다고 규정되어 있다.

북한 당국은 사회보장제도 면에서 선진국보다 앞서 있음을 선전하고 있으나, 실제로는 재원 부족으로 제도와 실천 간에 커다란 괴리를 보이고 있다. 무엇보다도 1990년대 중반 이후 가장 기본적인 생계 수단인 식량 배급이 평양 등 일부 지역을 제외하고는 제대로 작동하지 못하고 있다. 노약자 · 병약자 등 노동력을 상실한 사람에 대해서는 더 말할 것도 없다. 상황이 더욱 악화된 것은 2002년 7 · 1

58) 천지일보, (2012. 6. 11.), '탈북자, 외상 후 스트레스장애 30% 달해,' 장수경 기자.

59) 전우택, 2000,『사람의 통일을 위하여』, 오름.

조치(칠일경제관리개선조치)[60]를 계기로 사회보장제도의 상당 부분이 폐기되었다는 점이다. 공식적으로는 기존의 제도를 외형적으로 유지하고 있으나, 7 · 1 조치로 복지 시스템의 운영 원리와 복지 급여의 성격이 변화되었다. 결국, 7 · 1 조치로 국가의 인민복지 책임이 개인 또는 가족에게 전가되었다. (김수암 외, 2007)[61]

북한이 가장 앞세워 자랑하고 있는 무상치료제는 아직도 유지되고 있으나, 경제난에 기인한 재원 부족으로 거의 실현되지 않고 있다. 병원에는 약이 없어 환자가 직접 약을 구해 와야 치료를 받을 수 있는 실정이다. 북한은 매년 여러 나라로부터 의약품을 지원받고 있으나, 대부분 소수 특권층용으로 전용되고 일반 주민에게는 혜택이 돌아가지 않고 있다. 요컨대 북한은 법적 · 제도적으로 사회보장제도를 주장하고 있으나, 실질적으로는 재원 부족으로 사회보장이 제대로 이루어지지 않고 있다.

---

60) 북한에서 7 · 1조치(칠일경제관리개선조치)는 대폭적인 물가 인상과 급여 인상, 배급제도의 변화, 환율 현실화, 가격 책정 및 공장 기업소 책임경영 강화 등 다소 파격적인 내용을 담고 있다. 생산, 소비, 계획경제의 모든 부분에서 실패한 북한 당국이 경제운용의 과오를 인정하고 적극적으로 그에 대한 대안을 모색하는 과정에서 등장한 조치이다. 1990년대 중반 이후 북한의 생산부문 현황을 보면 국가예산의 대폭 감소, 공장 기업소의 생산 활동에 대한 국가자금의 지원규모 축소, 공장 가동률 저하, 계획목표 미달성, 계획경제체제의 한계 노출 등이 존재했었다. 소비부문의 경우, 국가배급체계의 붕괴, 가계의 자력적 생존 상황과 시장의존, 사경제부문의 확산, 계획경제체제의 기형화 등이 발생했다. 이러한 상황을 극복하기 위해 김정일은 2001년 10월에 경제관리제도 개선지침을 내렸고, 2002년 7월 1일에는 계획경제와는 질적으로 다르고 시장경제적 요소가 강한 7 · 1조치를 본격적으로 시행하게 되었다.

61) 김수암 · 이금순 · 임순희, 2007, 『북한인권백서 2007』, 통일연구원.

③ 근로권과 직업 선택의 자유

세계인권선언 제23조에는 "모든 사람은 일할 권리와 직업 선택의 자유, 그리고 유리한 노동조건과 실직에 대해 보호받을 권리를 가진다."고 규정하고 있다.

북한 헌법은 "공민은 로동에 대한 권리를 가진다. 로동능력이 있는 모든 공민은 희망과 재능에 따라 직업을 선택하며 안정된 일자리와 로동조건을 보장받는다. 공민은 능력에 따라 일하며 로동의 량과 질에 따라 분배를 받는다."고 규정하고 있다. 그러나 "사회주의하에서 로동은 전일적인 사회주의경제체계에서 진행되는 사회적인 로동이다. 국가는 계획의 일원화, 세부화 방침에 따라 전 인민경제적 범위에서 사회적 로동을 계획적으로, 합리적으로 조직한다."고 규정하고 있는 사회주의로동법 제10조에 따라 노동에 대한 권리는 개인의 의사와 관계없이 당이나 국가기관의 조정과 통제로 이루어지고 있다.

앞서 본 북한 헌법 제70조 규정에도 불구하고, 북한에서 직업 선택은 개인의 의사보다는 당과 정권기관의 인력 수급 계획에 따라 이루어지고 있다. 주민의 직장 배치는 본인의 의사와 관계없이 중앙경제 계획에 의해 집행되고 부문별 수요에 맞춰 할당된다. 따라서 당 및 국가의 직장 배치에서 선발 기준은 개인의 적성이나 능력보다는 당성 및 출신 성분 또는 가족적 배경이다. 성분이 나쁜 학생들, 특히 가족이나 친척이 유일사상체계를 위반한 집안, 6·25전쟁 당시 가족이 월남하거나 북한 정권에 반대하여 치안내에 가담한 집안, 지주 집안 출신의 학생들은 농장이나 탄광 등 힘든 육체적 노동을 해야 하는 직장에 배치된다. 이처럼 북한에서의 근로권과 직업 선택의 자유는 세계인권선언과 국제인권규약에서 규정한 것과는 거리가 멀다.

2) 탈북자의 인권 실태

(1) 외국 체류 탈북자 인권

탈북자에 대한 각국의 반응은 대개 한국 및 북한과 해당 국가 간의 이해관계에 따라 나뉜다. 중국 당국은 국내법에 따라 탈북자를 적발하면 강제 송환하고 있다. 탈북자들의 증언에 의하면, 태국이나 몽골, 캄보디아 등은 탈북자의 남한 입국에 대해 비교적 우호적인 태도를 보이고 있지만, 베트남은 적발된 탈북자들을 중국으로 강제 추방하는 것으로 알려져 있다.

외국 체류 탈북자들의 수용 실태는 해당 국가마다 차이가 있지만, 대체적으로 열악한 것으로 파악된다. 각국의 탈북자 수용소 실태를 정리하면 다음과 같다. (박민재, 2008)[62]

첫째, 중국은 탈북자에 대해서는 기본적으로 '불법체류자'라는 입장을 견지하고 있다. 그래서 탈북자들이 중국 공안(경찰)[63]에 체포되면 대개 폭행이나 부당한 대우를 받고, 북한으로 강제 송환되는 것으로 알려져 있다. 이들의 수용 시설 역시 의료 및 위생 상태가 불

62) 박민재, 2008, 탈북자 문제, 대한변호사협회 편, 『2008 북한인권백서』, 대한변호사협회.

63) 공안부(公安府)는 중화인민공화국 내에서 행정집행 및 형사사법에 관계된 업무를 담당하는, 경찰에 가까운 기능을 하는 기관이다. 공안기관이라고도 하며, 약칭은 공안이다. 단, 일반적으로 경찰이 맡지 않는 위기관리, 소방 활동, 특수 직업 감독 등의 업무도 공안이 맡는다. 공안부에 소속된 공무원을 인민경찰, 줄여서 민경이라고 한다. 국무원 산하에 공안부를 둔다. 각 성 및 자치구 별로 공안청을, 각 직할시는 공안국을 둔다. 주요 대도시 및 소도시는 공안국, 공안맹을, 지구 별로 공안처를 둔다. 시의 구마다 공안분국을, 각 현마다 공안분국 산하의 공안파출소를 둔다.

량하고 여성용품이나 의류 등이 부족한 실정인 것으로 알려졌다.

둘째, 태국은 좁은 수용소에 많은 탈북자를 수용하고 있다. 방콕 이민국 여성 수용시설에는 80여 평 남짓한 건물에서 350여 명이 생활하기 때문에 누울 자리는 물론 앉아 있을 공간조차 부족해 화장실 바닥이나 변기 위에서 잠을 자기도 한다. 또한, 여성용품 등 필요한 물품은 탈북자가 직접 사서 사용해야 한다. 이 때문에 탈북자들끼리 자리를 거래하고 물품 등을 사고팔기도 한다.

셋째, 몽골은 음식물 공급이나 위생 상태가 좋기 않은 것으로 알려졌다. 반면에 여성용품의 지급은 괜찮은 편이지만, 술을 마시거나 담배를 피우다 적발되면 구타를 당하기도 한다.

넷째, 캄보디아는 대체적으로 다른 국가와 비교할 때 위생 상태가 양호하고 음식물, 의류, 여성용품 등의 공급이 충분한 것으로 알려졌다.

다섯째, 라오스는 남녀가 같은 공간에서 생활하기 때문에 목욕 시 불편하고, 별다른 반찬도 없는 열악한 식사가 제공되고 있다. 숙소는 판잣집이며 화장실이 불편한 것으로 알려졌다.

여섯째, 베트남과 미얀마는 음식이 부족하고 의료나 위생 상태도 불량한 것으로 알려졌다. 특히 피부병이 많이 발생해 치료약이 필요한 상태이며 여성용품도 부족한 것으로 드러났다.

그 밖에 탈북자들은 제3국의 수용시설에서 부부 격리 수용, 외출 불허, 멸시, 추위, 스트레스, 불안, 입에 맞지 않는 음식, 탈북자 간 갈등, 온수 부족, 협소한 공간 및 비좁은 잠자리, 폭행, 피부병, 지인들과 통신 불가 등을 겪으며 불안한 수용소 생활을 한다. 수용소 생활에서 가장 필요한 약품은 소화제와 감기약이고, 그 외에도 상처 및 피부병 치료제, 변비약, 수면제 등이 필요한 것으로 나타났다. 가장 필요로 하는 생필품은 세면도구, 생리대, 화장지, 샴푸, 비누, 칫솔, 물, 옷 등으로 알려졌다.

(2) 북한의 탈북자 처벌

북한은 초기에 탈북 자체를 '조국반역죄'로 다스려 처형하는 등 공포와 폭력적 수단을 동원했지만, 탈북자가 끊임없이 증가하자 탈북 원인을 한미 당국에 전가하면서 회유하고 있다. 2004년 8월 18일 북한이 '조국통일민주주의전선' 명의로 발표한 성명서를 보면, "어머니 조국을 등지고 떠나간 자들이 '탈북자'나 '망명자'가 아니라 미국과 그 추종세력의 유인모략책동에 걸려들어 강제로 끌려간 동포형제들이다."라고 하면서, "우리는 남조선에 끌려간 모든 동포 형제 · 자매들이 부모 · 처자들이 기다리는 공화국 품으로 어떤 방법으로든 다시 돌아오는 용단을 내릴 것을 호소한다."라고 회유하고 있다. 그러나 탈북자들이 북한으로 강제 송환되면 처벌을 받는데, 연령, 탈북 횟수, 탈북 이유, 체포 장소, 탈북 후 행적에 따라 차이가 있다. 미성년자는 처벌하지 않으나, 성인은 대개 국가안전보위부의 조사를 거쳐 형법 제62조 조국반역죄, 제233조 비법국경출입죄 위반 여부 등에 따라 그 처벌 수위가 결정된다. 2004년 수정 · 보충된 형법에는 기존의 형법보다 탈북행위에 대한 구성요건이 세분화 · 확대되었다.

단순 탈북자들은 탈북 횟수, 탈북 이유, 체포 장소, 탈북 후 행적에 따라 재판 없이 노동단련대에서 1개월에서 6개월까지 수감된다. 그러나 남한행을 시도하거나 남한인 및 종교(기독교)인과 접촉한 사실이 드러나면 '조국반역죄'로 정치범 수용소나 교화소에 수감된다. 그 밖에도 정치적 동기가 있는 자, 중국에서 1년 이상 체류했거나 재일 조선인 귀국자로 밝혀지는 경우에는 정치범 수용소에 수감된다.

인권은 인간이기 때문에 당연히 가지는 기본권으로 인종 · 종교 · 국적 · 이념의 차이 없이 누려야 하는 인류의 보편적 가치이다. 그러나 앞에서 살펴본 바와 같이 북한의 인권은 초보적인 수준에도 이르지 못하고 있다. 식량난 때문에 수백만의 북한 주민이 죽었고, 또 수십만에 달하는 탈북자가 중국을 비롯한 제3국에서 인간 이하의 삶을 살고 있다. 북한의 인권 문제가 이렇게 심각해진 것에는 남한은 물론 국제사회에도 그 책임이 있다. 그동안 남한 정부나 진보 진영에서는 내정간섭이라는 이유로 북한 인권 문제를 의도적으로 외면하였다. 최근 들어 국제사회와 국내 보수 진영에서 북한 인권 문제에 대한 관심이 높아지고 있는 것은 다행스러운 일이다. 그렇지만 이것이 단지 정치적 구호 수준에 머무른다면 효과를 기대하기는 어려울 것이다. 북한 주민의 인권을 실질적으로 개선할 수 있는 구체적 방안, 즉 북한을 개방사회로 유도한다든지, 경제협력 및 교류를 증진하고, 국제사회의 여론을 환기하며, 탈북자들을 적극적으로 지원하는 등 다양한 방법을 모색해야 한다. (조관용 외, 2009)[64]

---

64) 조관용 · 김윤영, 2009, 『탈북자와 함께하는 통일』, 한울.

국내 탈북자단체로 구성된 '탈북자단체연합'은 2015년 2월 12일 북한인권법 제정을 국회에 촉구했다. (연합뉴스, 2015. 2. 12.)[65] 탈북자단체연합은 이날 국회 정문 앞에서 발표한 성명에서 "국회는 북한인권법을 2월 임시국회에서 여야 간 최대 쟁점으로 부각해 반드시 통과시켜야 한다."고 요구했다. 이 단체는 한국에서 북한인권법은 지난 2005년 처음 발의된 이후 10년째 국회에 계류 중이라면서 이는 국회의 '직무유기'라고 주장했다. 탈북자단체연합은 최근 일부 탈북자의 증언 오류가 논란이 되고 있지만, 북한 정치범 수용소에 대한 증거는 이미 만천하에 공개됐다면서 법 제정의 반대 논리가 될 수 없다고 덧붙였다. 이번 성명 발표에는 북한민주화위원회, 북한민주화청년학생포럼, NK워치, 탈북자동지회, 탈북인권연합 등이 참여했다.

65) 연합뉴스, (2015. 2. 12.), '탈북자단체들, 북한인권법 국회 통과 촉구,' 오예진 기자.

제5장
이주민 관련 성경적 이해

제5장 이주민 관련 성경적 이해

1. 구약성경의 이방인 이해

구약성경은 이스라엘 백성이 이주민의 삶을 살았다고 말한다. 구약성경은 이스라엘과 히브리인의 조상들이 본래 메소포타미아 사람이었고(창 11:28, 신 26:5; 겔 16:3), 야곱의 자손들이 400여 년 동안 애굽(이집트)에서 생활했던 것에 관해서 기록한다(창 15:13; 출 12:40-41). 구약성경에 나타나고 있는 선택 신앙은 이주민에게 우호적 태도를 보여주고 있으며, 구원의 보편주의 경향을 나타낸다(신

4:19 이하; 32:8 이하; 렘 10:16; 시 33:12).

구약성경에서 히브리 문화와 이방 문화 간의 관계는 어떠했을까? 구약성경에서 히브리 문화와 이방 문화 사이에는 상당한 긴장감이 감돈다. 고대 문화는 항상 지역 종교와 밀접하게 연결되어 있었고, 종교적 이미지가 형상화되어 종교의 세계관이 문화 속에 반영되는 경우가 많았다. 이렇듯 문화 풍속 속에 내재하는 종교적 양상은 고대 사회에서 종교가 차지하는 위치와 밀접하게 관련되어 있었다. 특히 제정일치를 보여 주는 고대 사회에서 종교적 제의는 곧 고대인들 삶의 양식이 되었고, 삶의 양태를 표현하는 결정적인 요인이 되었다. 따라서 고대 근동 가나안 지역에서 가장 대중적인 우상 종교였던 바알[66] 종교가 그 지역의 종족 문화를 만들어 내었을 뿐 아니라, 주변 종교에도 혼합주의적 양상으로 영향을 주고 있었다. (조성돈 외, 2012)[67]

바알은 비를 내리는 우레의 신으로서, 고대 근동의 농경 생활자들에게는 필수적인 존재였다. 이와 더불어 '아세라'는 번식의 신으로

---

66) 바알은 고대 근동의 여러 부족이 섬기던 신(神)으로, 특히 가나안 사람들이 풍요의 신으로 숭배했으며 만신전(萬神殿)의 여러 신 가운데 대단히 중요한 신으로 섬겼다. 바알이라는 단어는 원래 셈족이 쓰던 보통명사(히브리어 ba'al)로 소유자나 주인을 의미하는데, 매우 광범위하게 사용될 수도 있었다. 바알은 일반적으로 풍요의 신을 가리켰으므로, 땅을 다스리는 자(땅의 주인)라는 이름이 붙었다. 또한, 가나안의 기름진 토양을 위해 없어서는 안 될 비와 이슬의 주인으로도 불렸다. 우가리트 토판(土版)과 히브리 『구약성경』에서는 구름을 타고 다니는 폭풍우의 신으로, 페니키아 문서에서는 바알 샤멘(Baal Shamen, 아람어로 Baal Shemin), 즉 하늘의 주인으로 나와 있다.

67) 조성돈 · 심민수 · 정재영 · 장진원, 2012, 『더불어 사는 다문화 함께하는 한국교회』, 예영커뮤니케이션.

서, 근동의 유목 생활자들에게 없어서는 안 될 필연적 우상으로 자리 잡고 있었다. 추수 시기가 다가오고 가축의 번식기가 찾아오면 이런 우상 종교는 종교 제의를 통해 사람들의 삶과 세계관에 깊은 인식을 심어 주었다. 특히 이 우상 종교의 사제들은 그들의 행위로써 남녀 사제 간에 성적 교합을 벌이는 의식을 벌였다. 이런 행위는 그 우상을 섬기는 종족 사회에서 중요한 교시와도 같이 삶의 행태에 직접 영향을 주는 풍속 혹은 습관이 되었다. 그리하여 사회의 부도덕과 반인륜적 악습을 자연스럽게 받아들이고 확산시켜 가는 모습으로 나타났다.

이방 종족에 대한 바알 종교나 아세라 종교의 영향은 고대 근동, 특히 가나안 지역의 여러 종족의 사는 방식에 그대로 나타났다. 문제는 우리가 잘 아는 대로 이스라엘 백성들의 삶과 문화 속에도 깊숙하게 영향을 주었고, 우상과 함께 들어온 이방의 악습이 이스라엘 백성들로 하여금 야훼 신앙을 멀리하게 만드는 원인으로 작용하게 되었다는 점이다. 바알 종교의 제단 의식은 사람들의 성적인 자극을 촉발시켜 사회 도덕적 인간관계를 저급한 수준으로 끌어내리고, 사회질서의 붕괴로까지 치닫게 하는 극히 부정적 현상을 만들어 내었다. 특히 바알 중심의 가나안 문화가 혼합주의적인 형태를 띠고 있었기 때문에 야훼 중심의 이스라엘 공동체의 정체성과 종교 문화적 본질에 치명적 타격을 주었다. 이는 구약성경의 여러 기자와 선지자의 도전적 메시지를 통해서 입증되고 있다.

가나안 정복 전쟁시기부터 바알 종교와 대립 국면에 있었던 야훼 신앙은 모든 땅을 지배하는 분은 진정 야훼이심을 누누이 강조했다. 그러나 그런 가르침을 수용하지 않고 반복적인 패턴으로 바알에게로 회귀하는 모습을 띠었던 이스라엘 백성들의 행태는, 당시 대중 종교로서의 바알 종교의 강력한 면모를 반증하는 것이기도 하다. 기원전 6세기경의 가나안 문화를 보여주는 우가리트 문서 연구를 통해 학자들은 당시 바알 종교의 강력한 위력을 제시한다. 바알 종교는 그 시기에 강력한 세력을 지닌 대중 종교였고, 그 영향을 받던 북이스라엘과 남유다가 차례로 망하는 원인이었던 것으로 구약성경은 기록한다(대하 36:11-20).

> *"모든 제사장들의 우두머리들과 백성도 크게 범죄하여 이방 모든 가증한 일을 따라서 여호와께서 예루살렘에 거룩하게 두신 그의 전을 더럽게 하였으며… 그의 말씀을 멸시하며, 그의 선지자를 욕하여 여호와의 진노를 그의 백성에게 미치게 하여 회복할 수 없게 하였으므로 하나님이 갈대아 왕의 손에 그들을 다 넘기시매… (대하 36:14-17)."*

역사서에 누누이 기록된 이 같은 기록은 바알 종교 문화와 그 영향력이 만들어 낸 악습에 대한 야훼 신앙의 혐오적 입장이 어떠했는지를 정확히 보여준다. 남유다(~586 B.C.)는 북이스라엘(~722 B.C.)이 망한 지 130여 년이 지난 후 신바벨론에 의해 망할 즈음, 한 가지 중요한 깨달음을 갖게 되었다. 남유다의 종교지도자들은 북이스라엘이 망하고 100년도 지나지 않아 10지파가 완전히 붕괴하고 해체되어 그 명맥이 완전히 사라지게 된 이유에 대해 의문점을 갖게 되었다. 그리고 그 원인이 종교 문화와 신앙적 정체성을 교육하지 못한 데서 연유한다고 믿게 되었다. 그리하여 포로로 잡혀간 바벨론 땅에서 남유다의 종교지도자들은 결코 그 전철을 밟아서는 안 되겠다고 하는 깨달음을 얻게 된 것이다. 이런 연유로 하여 발생한 것이

회당 교육이었다. 끌려간 바벨론에서 남유다의 지도자들은 회당을 마련하고, 그곳에서 자신들의 야훼 신앙을 회복하였다. 비로소 천지를 지으신 창조주에 대한 가르침이 다음 세대에게 이어지기 시작한다.

이렇게 하여 시작된 회당의 신앙 교육은 야훼 신앙을 중심으로 강력하면서도 배타적인 성격을 지니게 된다. 강력했다고 하는 것은 고난의 과정 속에서 절제된 결과였고, 배타적이었다는 것은 과거 선조들의 야훼 신앙을 변절시켰던 우상 종교에 대한 혐오감에서 나온 것이다.

포로기 이후 고국으로 돌아온 유대인들은 수세기도 지나지 않아 팔레스틴이 헬라화 되는 우여곡절을 겪는다. B.C. 2세기에 오면 헬라계 시리아 왕 안티오커스 에피파네스에 의해 성전이 더럽혀지는 혐오스러운 광경을 지켜보면서 울분을 가눌 길이 없게 된다. 마카비 전쟁을 통해 회복의 시간이 돌아오지만, 이런 과정에서 유대인들은 이방 지역의 우상 종교와 결합한 이방 풍속을 혐오스럽게 취급하고, 점차 그런 문화 풍속 가운데 살던 이방인들과 혼혈인(사마리아인)들을 업신여기거나 냉대하였고, 배타적으로 대하는 경향이 짙어지게 되었다. 특별히 헬라 문화에 의한 세속화 경향에 반발하여 나타난 소위 '하시딤'으로 일컬어지는 경건주의자들과 여기서 유래된 바리새인과 같은 종교 유파들에 의해 배타적 경향은 유대 사회에서 더욱 강력한 현상이 되었다.

이처럼 이방 종교 문화에 대한 배타적 성격을 지닌 유대 문화에도 불구하고 구약성경의 가르침이 우상 종교에 기인한 문화 현상과 인격으로서의 인간 존재 자체를 분명히 구분하고 있다는 것은 자명하다. 구약성경은 한결같이 하나님이 이스라엘인이건 이방인이건

불문하고, 객이 된 나그네를 향한 배려의 필요성에 대해 일관성 있게 교훈하고 계심을 보여주고 있다.

"너는 이방 나그네를 압제하지 말며, 그들을 학대하지 마라. 너희도 애굽 땅에서 나그네였음이라(출 22:21)."

이스라엘도 애굽에서 나그네 되었던 처지를 기억하며, 이방 나그네들을 향해 정당한 대우와 합당한 태도를 취할 것을 강력하게 주문하고 있다. 레위기에서도 같은 맥락의 가르침이 나온다.

"거류민[68]이 너희의 땅에 거류하며 함께 있거든, 너희는 그를 학대하지 말고 너희와 함께 있는 거류민을 너희 중에서 낳은 자 같이 여기며, 자기같이 사랑하라. 너희도 애굽 땅에서 거류민이 되었었느니라. 나는 너희의 하나님 여호와이니라(레 19:33-34)."

이로써 하나님은 약자의 하나님이며, 이방인에게도 깊은 관심과 사랑을 지닌 존재로 나타난다. 사실 아브라함 역시 원래는 갈대아

---

68) 구약성경에서 이방인을 의미하는 표현은 히브리어로 토사브(Tohab), 노크리(Nokri), 게르(Ger) 등이 있다. 토사브와 노크리는 임시로 거주하는 이방인을 지칭하는 말이고, 게르는 장기적으로 거류하는 이방인을 지칭하며, 구약성경에 가장 많이 사용되고 있다. 게르는 다양한 이유로 다른 종족 가운데 이주해 사는 이방인을 통틀어 지칭하는데 사용한다. 특히 이스라엘 백성에게 정복당하여 복속된 상황에서 이스라엘 안에 사는 거류민을 말한다. 그래서인지 토사브와 노크리는 법적이나 사회적으로 보호를 받을 필요가 없는 안정적인 신분의 사람으로 나타나지만, 게르는 보호를 받아야 하는 사회적 약자에 속한 사람으로 자주 언급된다.

우르에서 이주해 온 나그네였고, 가나안 땅에 들어가 정착하기까지 하란에서 한동안 객으로 살아야만 했던 신세였다. 가나안 정착 후에도 요셉 시대 이후 400년간 애굽에서 객이 되어 살아야만 했다.

모세오경의 여러 사례 속에서 하나님은 이스라엘 백성이든 이방 족속이든 모든 사람의 하나님 되심을 그가 지시하신 규례와 율법 속에서 찾을 수 있다. 출애굽기의 유월절 규례와 관련하여서 "본토인에게나 너희 중에 거류하는 이방인에게 이 법이 동일하니라(출 12:49)."라고 규정하고 있다. 레위기는 이방인의 생존을 위한 배려도 교훈한다.

> "너희가 너희의 땅에서 곡식을 거둘 때에 너는 밭 모퉁이까지 다 거두지 말고, 네 떨어진 이삭도 줍지 말며, 네 포도원의 열매를 다 따지 말며, 네 포도원에 떨어진 열매도 줍지 말고, 가난한 사람과 거류민을 위하여 버려두라. 나는 너희의 하나님 여호와이니라(레 19:9-10)."

이처럼 구약성경은 이스라엘 백성들이 객과 나그네를 포함한 거류민을 호혜와 공존의 정신으로 대우할 것을 명하고 있다. 이스라엘 백성들이 그렇게 해야 할 이유와 근거를 구약성경은 과거 선조들의 나그네 시절 경험에서 찾는다. 이스라엘도 같은 고난의 역사적 시간이 있었기에 동병상련(同病相憐)[69]의 사세로 정당하게 대우하라고

69) 동병상련이란 같은 병을 앓는 사람끼리 서로 가엾게 여긴다는 뜻으로, 어려운 처지에 있는 사람끼리 서로 동정하고 도움을 이르는 말이다. 출전은 『오월춘추(吳越春秋)』의 「합려내전(闔閭內傳)」이다.

하신 것이다.

그러나 하나님의 명령과는 달리, 훗날 이스라엘은 가나안 정복 전쟁에서 살아남은 일부 종족을 몰아내지 않고 노예화함으로써, 하나님의 명령을 저버리게 되었다. 여기서는 노동력을 착취하기 위한 이스라엘 백성들의 이기적인 욕심이 자리하고 있었음을 보여준다.

사사기 1장에서는 가나안 정복 전쟁에서 이스라엘의 여러 지파가 가나안의 일부 종족을 내치지 않았음을 기록한다. "베냐민 자손은 예루살렘에 거주하는 여부스 족속을 쫓아내지 못하였음으로(삿 1:21)," 여부스 족이 베냐민 자손들과 함께 있었다고 보도한다. 1장의 나머지 부분에서도 여타의 지파가 가나안 사람들을 내치지 못한 사실을 언급한다. 그러나 이들이 몰아낼 능력이 안 되어서가 아니라, 몰아내고자 하지 않았음을 본문은 시사한다(1:28). 그렇다면 이 지파들은 무엇 때문에 가나안 사람들을 몰아내지 않았을까? 그 이유는 그들을 종속시켜 노예로 삼아 노동력을 착취하고자 했기 때문이다. 즉 경제적인 이유에서 비롯되었다. 그런데 문제는 그런 동기에서 비롯된 동거가 결국은 위험한 결과, 즉 이스라엘의 급속한 가나안화를 초래하게 되었다는 점이다.

2. 룻과 보아스의 사랑으로 이루어진 이주민 가정

이스라엘 민족의 역사는 본질적으로 게르의 역사다. 따라서 이스라엘 백성은 사회적 약자인 외국인들을 동포애적인 사랑으로 보살펴야 하는 것이 이스라엘을 향한 하나님의 절대적인 명령임이 분명하다. 사사시대를 배경으로 하는 룻기는 유다 지파에 속한 엘리멜렉 가정에 얽힌 이야기를 통해서 인종과 민족, 국경을 넘어서는 하나님의 폭넓은 구원 은총에 대해서 기록하고 있다. 여기서 중심인물은 나오미, 룻, 보아스 등 세 사람이며, 이들 모두와 관련된 인물은 나오미의 남편인 엘리멜렉이다. 룻기의 서두에 의하면, 그는 흉년을 피하여 아내 나오미와 두 아들 말론과 기룐을 데리고 모압 지방으로 이주한다. 거기서 엘리멜렉은 죽고 모압 여자들인 룻과 오르바를 아내로 맞이했던 그의 두 아들 말론과 기룐도 죽는다.

혼자 남은 엘리멜렉의 아내 나오미는 우회적으로 수혼제도(嫂婚制度)[70]에 관하여 언급하면서, 과부가 된 두 며느리 오르바와 룻에게 시어머니인 자기를 따르지 말고, 그들의 민족에게로 돌아갈 것을 강권한다(룻 1:11-13). 그러나 말론의 아내였던(4:10) 첫째 며느리 룻은 이스라엘의 관례(창 38:11; 레 22:12-13)에 따라 자신이 본래 속한 아버지 집에서 안전한 삶을 누릴 수 있음에도, 자신과 똑같이 과부가 되어 사회적 약자의 삶을 살아야 하는 나오미를 따라 이스라엘로 가겠다고 고집한다(1:16b-17a).

이방 여인 룻이 이처럼 굳은 결심을 하고 자신의 국적과 종교를 포기한 채 나오미의 종교, 곧 야훼 신앙을 자신의 종교로 받아들이면서까지 남의 나라인 이스라엘로 가겠다고 하자, 시어머니 나오미는 어쩔 수 없어 룻을 데리고 고향인 베들레헴으로 돌아간다. 그리하여 룻은 사회적 약자를 대표하는 과부와 결혼이주여성의 신분으로 자신의 생계를 세워야 하는 가련한 처지에 놓이게 된다.

그런데 우연하게도 룻은 엘리멜레이 친족 중에 유력한 자인 보아

70) 수혼제도란 다른 형제가 죽은 형제의 아내를 취하여 아들을 낳아 그 가문과 기업을 잇게 해주는 규례를 말한다.

스의 밭에서 이삭을 줍게 되고, 호의에 힘입어 그의 밭에서 계속해서 이삭을 주울 수 있는 특권을 부여받는다. 아울러 젊은 남자 일꾼들의 성적 착취나 성희롱으로부터 안전하게 보호받기까지 한다. 또한, 룻은 음식을 먹는 자리에도 초청받는 은혜를 입는다. 보아스의 설명에 의하면, 모압 출신의 결혼이주여성 룻이 이처럼 특별한 은혜를 입게 된 것은, 순전히 이주여성으로서의 사회적인 불이익을 감수하면서까지 시어머니를 섬긴 지극한 효성 때문이었다(2:11). 보아스는 룻이 다른 나라에서 온 이주여성임을 뻔히 알면서도 그녀를 진심으로 축복한다(2:12).

나오미는 룻으로부터 보아스의 따뜻한 관심과 배려에 관한 소식을 듣게 된다. 그래서 나오미는 사회적 약자의 권리를 보호하기 위한 목적으로 만든 수혼제도에 근거하여 룻을 보아스와 결혼시키기로 작정한다. 그녀는 룻에게 보아스가 자신의 가까운 친족임을 상기시키면서, 보아스로 하여금 수혼제도에 따라 엘리멜렉 가문의 속량자, 곧 기업 무를 자의 임무를 수행하게 한다. 즉, 룻에게 그의 아내가 되는 길이 있음을 구체적으로 가르쳐준다(3:1-4). 이에 룻은 시어머니의 지시를 따라 그대로 행한다. 보아스는 자기보다 더 가까운 친족에게 기업 무를 자의 책임을 이행할 의사가 있는지를 확인한 후, 만약 그가 기업 무를 자의 책임을 이행하지 않고자 한다면, 자신이 반드시 그녀를 위하여 기업 무를 자의 책임을 이행하겠다고 약속한다(3:12-13).

실제 보아스는 엘리멜렉의 가장 가까운 친척이 자기 재산의 손실을 염려한 나머지 레위기 25:24-28에 규정되어 있는 기업 무를 자의 책임을 이행하지 않을 것임을 성읍 장로 열 명과 모든 백성이 보는 앞에서 확인한다. 그다음 자신이 이주여성 룻을 아내로 맞이함으로써, 직접 엘리멜렉 가문의 기업 무를 자가 될 것임을 서약하고, 이를 그대로 실행에 옮긴다(4:1-13).

룻과 결혼하여 가정을 이룬 보아스는 마침내 오벳을 낳음으로써, 이주여성의 굴레를 벗고서 이스라엘 백성의 반열에 들게 된다. 그리하여 종국에 예수 그리스도의 족보(마 1:5)에 그 이름을 올리기에 이른다.

이상의 이야기에서 룻기는 비록 이방 여인이라 할지라도 하나님을 향한 신앙의 지조(2:11-12)를 가질 수 있고, 하나님의 인도하심과 보호하심을 입을 수 있다는 교훈을 주고 있다. 또한, 룻기는 하나님의 은총이 민족이나 국적보다는 신앙의 선택에 더 크게 좌우된다는 점을 교훈하고 있다. 즉, 하나님의 구원이 유대인의 범위를 넘어 전 인류를 상대로 이루어지는 것임을 널리 알리려는 목적을 가지고 있다. 그에 대한 증거로 룻기는 보아스와 결혼하게 된 모압 출신의 결혼이주여성 룻이 다윗의 증조할머니가 되었음을 마지막 부분의 족보에서 밝히고 있다(4:18-22).

룻기의 이 족보는 엘리멜렉을 가장으로 하는 한 가족과 관련된 하나님의 활동을 이스라엘 민족 전체에 확대 적용하는 의미가 있다. 따라서 이는 룻기가 다윗 왕의 혈통에 이방인의 피가 섞여 있다는 사실을 알고 있는 공동체를 위해 기록된 책이었음을 암시하고 있다. 어쩌면 룻기는 눈에 보이지 않는 하나님의 은총과 섭리에 관해 기록하는 중에, 마지막의 족보를 통하여 다윗 왕의 정통성을 변호하려는 목적을 분명하게 가지고 있다. (강성열 외, 2010)[71)]

---

71) 강성열 · 박홍순 · 오현선 · 황홍렬, 2010,『다문화 사회와 한국교회』, 한들출판사.

3. 신약성경의 이방인 이해

신약성경의 신앙공동체 기독교인도 이방인의 삶을 살아왔다. 다양한 인종, 문화, 언어가 공존하는 공동체임을 짐작할 수 있다. 서로 다른 문화, 피부색, 언어, 신분적 차이, 전통과 관습을 지니고 살았던 사람들이 신앙공동체 안에서 공존하였다. 인종, 신분, 성적으로 차별이 존재하는 동시에 서로 대립하고 갈등하는 사람들이 하나의 신앙공동체로 통합될 수 있었던 비결은 바로 예수 그리스도에 대한 믿음이다(갈 3:28; 골 3:11). 예수 그리스도에 대한 신앙이 인종, 신분, 성적인 차별을 넘어서는 보편적 가치라는 것을 선언하고 있다.

신약성경에서 소개하는 기독교 신앙공동체 구성원은 서로 다른 인종, 문화, 사회적 배경에서 살아왔던 삶의 방식이 때로는 폐기되고, 때로는 변형되는 과정을 통해서 하나의 신앙공동체를 형성해 왔다는 것을 보여주는 고무적인 예이다. 그럼에도 다양한 문화, 경제, 사회적 배경을 가진 사람들이 하나의 신앙공동체를 형성하는 과정에서 공존과 통합을 위한 갈등과 대립의 모습을 나타내는 것은 당연하다.

사복음서의 행적을 살펴보면, 당시 유대인들은 이방인과 혼혈인들에게 배타적이고, 독선적인 경향을 보였다. 그렇다면 예수님도 그들의 생각과 같았을까? 아니다. 예수님의 태도는 매우 개방적이고 관대했다. 그 당시 유대인들은 혼혈인으로 구성된 사마리아에는 발도 딛지 않았다. 예수님께서도 그랬을까? 그렇지 않다. 예수님은 오히려 의도적인 발걸음을 하셨다. 수가의 우물가에서 거친 인생을 살아왔던 사마리아 여인에게 먼저 대화를 시도하시는 장면은 유대인들이 보기에는 매우 충격적인 일이었다. 음식을 구하려 나갔다가 돌아와 그 장면을 목격한 제자들조차도 그 낯선 모습에 당황하게 되었다. 또한, 예수님은 이방 지역으로 공적 사역을 떠나시기도 하였는데, 그들과의 대화에서 예수님의 성품을 엿볼 수 있다.

마가복음에 나오는 수로보니게(Syrian Phoenicia) 여인은 유대 사회의 차별과 편견 속에 고통받던 한 인물로 묘사된다. 그녀는 자신을 개에 비유한다. 당시 유대인들은 이방인을 혐오 동물인 개로 비유할 정도로 이방인에 대한 인상은 매우 부정적이었다. 본문에서 그런 배경을 고려하여 여인은 자신을 개로 인정하고 있다. 귀신들린 딸을 구해달라고 애원하는 장면 중 수로보니게 여인이 보여주는 말과 행동에서 무엇을 느낄 수 있는가? 여기서 당시의 유대 문화 속에서 이방인으로 살아간다는 것이 어떠한 것인지 여실히 드러나고 있다. 이 배경은 엄밀히 말하면, 사회문화적 차이에 대한 문제가 아니라 종교와 인종과 관련된 차이에서 비롯된다. 그런데도 여인의 간청에 대한 예수님의 반응은 당시의 종교적 · 인종적 편견을 뛰어넘는 극히 초월적인 일이었다.

예수님의 가르침은 충분한 해석이 필요하다. 수로보니게 여인에게 던진 한 문장은 다소 복잡한 복선으로 이루어져 양파껍질을 벗기듯 한 겹 한 겹 조심스럽게 벗겨 내어야 한다. 딸의 치유를 바라는 여인을 향해 "자녀로 먼저 배불리 먹게 할지니 자녀의 떡을 취하여 개들에게 던짐이 마땅치 아니하니라(막 7:27)."라고 하는 대목에서 유대인은 '자녀'로, 이방인은 '개'로 비유되었던 당시 유대인의 독신적 문화를 반영한다.

그렇다면 예수님도 그러한 문화를 동조하고 계신가? 절대 그렇지 않다. 그가 마지막으로 취한 행동, 즉 여인의 딸을 구하는 결말로서 충분히 해명된다. 또 하나 해석되어야 할 부분이 있다. "자녀로 먼저 배불리 먹게 할지니." 이 대목은 유대인과 이방인의 차별을 전제한 것이 아닌가? 이 대목에 대해서 학자들은 사역의 우선순위를 극적 비유를 사용하여 제시하고 있다는 데에 공통된 의견을 내놓고 있다. 즉 먼저는 유대인 그다음은 이방인에게로 나아가야 한다는 순차적 문제를 다루고 있다. 이런 해석이 타당한 것은 그가 훗날 제자들을 온 세상에 파송한 결말을 통해 입증된다.

선한 사마리아인의 비유에서도 유대인의 편견과 독선을 무너뜨리는 절묘한 반전이 있다. 여리고로 가던 한 유대인이 강도를 만나 쓰러져 있다. 흔히 의를 과시하던 인물들, 제사장과 레위인은 모른 체하며 사라진다. 오히려 혼혈인이라고 천대받고, 차별받고, 멸시받던 사마리아인이 마침내 그를 구하여 안전한 장소로 옮긴다. 당연히 의로운 행동을 보여야 할 인물들은 자신들이 바쁘고 번거롭다는 하찮은 이유로 도와야 할 대상을 외면한다. 이 순간 이들의 의는 어디로 가 버렸는가! 반면, 전혀 의롭다고 여겨지지 않던 천한 존재인 사마리아인이 진정한 이웃으로 드러난다. 그의 행동은 인간에게 하나님이 부여하신 선한 감정, 이웃을 향한 긍휼의 마음에 기인하였다. "불쌍히 여겨…." 라는 비유는 진정한 이웃이란 어떤 존재인가 하는 존재 가치와 의미를 놓고, 더불어 사는 삶 속에서 인간이 보존해야 할 진정성에 대해 질문하고 있다.

여기서 우리는 무엇을 느낄 수 있는가? 사회적 존재인 인간이 지녀야 할 것은 화석화된 종교가 만들어 낸 편견의 장벽이 아니라, 이웃을 향한 긍휼의 마음과 같은 순수한 감정이라는 진실을 은연중에 묘사하고 있다. 예수님은 본 비유의 극적인 이야깃거리 전개를 통해 인종, 문화, 종교적 편견과 차별을 뛰어넘는 통쾌한 진리를 사실적으로 표현하고 있다. 초기 신앙공동체의 발전 양상은 세상을 향한 예수 그리스도의 명령과 예언에서 비롯된다.

> *"그러므로 너희는 가서 모든 민족을 제자로 삼아 아버지와 아들과 성령의 이름으로 세례를 베풀고, 내가 너희에게 분부한 모든 것을 가르쳐 지키게 하라.…(마 28:19-20)."*

여기서 "모든 민족"이라고 하는 대상에 대한 확실한 명령이 절정을 이룬다. 마지막 승천 직전의 장면에서도 "오직 성령이 너희에게 임하시면 너희가 권능을 받고, 예루살렘과 온 유대와 사마리아와 땅끝까지 이르러 내 증인이 되리라(행 1:8)."와 같이 예수 그리스도가 지향하시는 복음 확산의 궁극적 지평이 선언되고 있다. 이런 명령을 받은 사도들과 제자들은 인종과 문화에 대한 인식(패러다임) 전환의 계기를 맞이하게 되었다. 사도행전의 역사를 만들어 갔던 사도 바울은 자신의 소명이 이방을 위한 것임을 분명히 하고 있다.

> *"내가 이방인인 너희에게 말하노니, 내가 이방인의 사도인 만큼 내 직분을 영광스럽게 여기노라(롬 11:13)."*

가장 배타적인 바리새인 출신의 사울이 사도로서의 소명을 따라 이방에 복음을 증거로 제시하기 위한 존재로 거듭났다. 그의 결단, 그의 확신, 그의 헌신은 바로 온 세상 이방을 향한 소명감에서 비롯되었다.

사도행전 2장을 보면, 오순절 사건이 일어나던 밤 베드로의 설교를 자기 지역 방언으로 들었던 사람들을 소개하는 구절에서 무려 15개 이상의 방언이 나타났다.

"바대인과 메대인과 엘람인과 또 메소보다미아, 유대와 갑바도기아, 본도와 아시아, 브루기아와 밤빌리아, 애굽과 및 구레네에 가까운 리비야 여러 지방에 사는 사람들과 로마로부터 온 나그네 곧 유대인과 유대교에 들어온 사람들과 그레네인과 아라비아인들이라(행 2:9-10)."

다양한 언어를 사용하던 사람들, 이들은 디아스포라의 유대인들로서 언어뿐 아니라, 다른 문화와 다른 사회적 배경 출신이라는 것을 의미한다. 이러한 다양성이 초대 예루살렘 교회 공동체를 구성하였다. 이러한 다름과 차이 속에서 초대 교회 공동체가 어떻게 연합을 가능케 할 수 있었을까? 그것은 예수 그리스도의 가르침을 받고 철저히 회개하여 성령 충만한 가운데 순종했던 무리의 확신과 기쁨에 기인한다고 보아야 한다.

핍박으로 흩어진 예루살렘 교회 공동체는 흩어진 그곳에서 새로운 신약의 교회 공동체로 확산해 갔다. 초기 신앙공동체의 구성에서 어떤 다양성이 존재하였는지 하는 문제는 신약성경의 다른 부분에서도 확인할 수 있다.

"누구든지 그리스도와 합하기 위하여 세례를 받은 자는 그리스도로 옷 입었느니라. 너희는 유대인이나 헬라인이나 종이나 자유인이나 남자나 여자나 다 그리스도 예수 안에서 하나이니라(갈 3:27-28)."

이 말은 당시로써는 가히 충격적인 선포라 하지 않을 수 없다. 왜냐하면, 유대인과 헬라인의 인종적 장벽, 종과 자유인의 신분적 장벽, 남자와 여자의 성적 장벽을 극복하고, 그리스도 안에서 하나로 연합되었다고 했기 때문이다. 차이가 극복되고 다름이 존중되는 공동체, 오직 한 목적과 비전, 한 분의 주인을 중심으로 새롭게 존재하는 공동체, 바로 이러한 공동체가 신약의 공동체였다. 이 공동체는 당시 극도의 편견과 배타적 적개심이 신앙의 본질을 왜곡하고 변질시키던 시대적 문화 행태와는 근본적으로 다른, 창조주의 생명력 안에서 하나 됨을 강조하는 모습을 극명하게 보여주었다. 유대인이 지닌 인종, 종교, 문화, 신분적 울타리를 넘어 새로운 범주의 공동체를 보여주고 있다.

신약 교회의 초기 모습 가운데 신분과 인종의 장벽을 뛰어넘은 가장 아름다운 이야기는 빌레몬과 오네시모의 사건 속에서도 찾아볼 수 있다. 빌레몬의 집을 탈출한 노예 오네시모, 바울과의 극적인 만남을 통해 신앙인이 된 오네시모, 그의 과거 문제를 해결해 주고자 애쓰는 사도 바울, 그래서 쓰이게 된 빌레몬서는 신앙 안에서 무엇을 극복할 수 있으며, 신앙의 원리가 어디까지 이르러야 하는지를 보여주는 아름다운 한 편의 극적인 이야깃거리다. 당시 노예가 탈출하면 주인에 의해 처형되는 것은 합법적인 일이었다. 아무도 여기에 이의를 제기할 수 없던 시대였다. 빌레몬의 처지에서는 세상 방식을 따라 얼마든지 탈출한 노예 오네시모를 처형할 수 있었다. 그러나 바울은 빌레몬에게 믿음 안의 형제로서 그를 관대하게 대할 것을 권면한다. 바울의 이러한 모습은 우리를 위해 생명까지 주신 예수 그리스도의 사랑을 연상시킨다.

"그러므로 네가 나를 동역자로 알진대 그를 영접하기를 내게 하듯 하고, 그가 만일 네게 불의를 하였으나 네게 빚진 것이 있

으면 그것을 계산하라. 나 바울이 친필로 쓰노니 내가 갚으려니와 네가 이 외에 네 자신이 내게 빚진 것은 내가 말하지 아니하노라(몬 17-19)."

신분의 장벽과 허물의 골짜기를 신앙의 관점으로 극복할 것을 제시하는 바울의 논리가 탁월하다. 자원(自願)[72]의 마음을 일깨우고, 빌레몬과 바울 자신이 평등한 관계인 것을 분명히 하고, 오네시모를 위임받은 대리인으로 받아들인다면, 그를 동등한 존재로 받아들여야 할 것을 설명하고 있다. 이는 당시 신분에 의해 판단되던 인간관계를 훌쩍 뛰어넘는 신앙적 논리였다.

학자들은 바울의 권면이 빌레몬에 의해 받아들여졌다고 해석한다. 왜냐하면, 이 서신이 보존되었다는 것이 그 증거라고 본다. 빌레몬이 오네시모를 자유롭게 해방해 주지 않았다면 그가 이 편지를 보관했을 리가 없으며, 교회 공동체에 회람을 허용하지도 않았을 것이기 때문이다. 여기서 우리는 무엇을 알게 되는가? 신앙 안에서는 모든 차이와 장벽이 넉넉히 극복된다는 진리를 새삼 깨우치게 된다. (조성돈 외, 2012)[73]

72) 자원이란 스스로 원하여 어떤 일을 하거나 조직체에 들어가고자 나서는 것을 뜻한다.

73) 조성돈 · 심민수 · 정재영 · 장진원, 2012,『더불어 사는 다문화 함께하는 한국교회』, 예영커뮤니케이션.

제6장
북한이탈주민을 위한 한국 교회의 역할

제6장 북한이탈주민을 위한 한국 교회의 역할

1. 영적 치유를 위한 역할

북한이탈주민이 사회생활에 적응하지 못하는 것은 제도적 문제이기도 하지만, 이들은 다양한 정치 · 경제 · 사회 · 문화적 문제와 더불어 심리적 · 정신적, 그리고 영적인 어려움과 위험에 노출되어 있기 때문이다. 이들의 생존과 생활을 위한 외적인 측면, 즉 새로운 사회에 적응을 위한 프로그램은 다양하게 제시되어 있다. 그러나 그들의 심리적이고 영적인 상처와 정신적인 외상을 치유하여 건강한 인격의 통합과 변형을 이루어 사회 구성원으로 살아갈 수 있도록 지지해 주고 도움을 주는 내면의 치유를 위한 목회적 돌봄이 부족하다. 그러므로 북한이탈주민이 자신들의 희로애락이 배어 있는 삶의 경험을 삶의 에너지로 환원하여 상처도 자신을 형성하는 일부분으로 받아들이도록 도와주어야 한다. 바꾸어 말하면, 그들이 남한에서 당당한 사회 구성원으로 온전히 살 수 있도록 돕는 것은 대단히 중요하다. 이런 현실 속에서 영적 지도는 북한이탈주민이 그들만의 가슴 아픈 경험을 이야기하고 나누면서 상처의 치유를 경험하고 하나님이 사랑하시는 온전한 한 인격체로서 당당히 이 사회 속에서 살아가는 데 도움을 주는 아주 중요한 영역이다.(임상필, 2007)[74)]

이성적이고 풍요한 세상 속에서 최고의 문화생활을 영위하면서도 외로움과 허전함, 그리고 무엇인가를 잃은 듯한 상실감 때문에 영(정신)적으로 괴로워하는 사람들이 많다. 그래서 수많은 사람이 종교적인 것은 물론 여러 다른 분야에서 심오하고 온전한 영적인 생활에 대한 갈증을 호소하고 있다. 많은 사람이 원인이 무엇인지 구체적으로 알 수는 없지만 막연한 영적인 갈급함을 느끼고, 그것들로 말미암아 불안 · 초조해 하면서 삶의 회의를 하고 인생의 목적이나 의미를 상실한다. 그리하여 사람들은 무작정 어디 기댈 곳을 찾아서 헤매다가 도저히 헤어날 수 없는 더욱 어려운 처지에 빠지게 된다.

그 원인은 문화적, 개인적, 그리고 영적인 면에서 찾을 수 있다.

첫째, 현대는 계몽주의 시대 이후에 과학 이성주의적인 세계관에 몰입되어 이성에 최고 권위를 부여하고 이성적 판단에 의한 가치관을 가지고 진리의 진위를 판단하였다. 또한, 기술의 진보는 우리 사

74) 임상필, 2007, 「북한이탈주민 성도들을 위한 목회적 돌봄(Pastoral Care) - 영적 지도(Spiritual Direction) - 」『둘, 다르지 않은 하나 - 북한이탈주민 선교의 과제와 전망 - 』, (한민족평화선교연구소 편), 한들출판사.

회의 막대한 변화를 가져와서 사회적 혼란을 일으키는 데 이 혼란 가운데 사람들은 안정을 위한 구심점을 갈망하게 되었다.

둘째, 각 개인이 생활 속에서 느끼는 고통과 비극이 강력한 촉매제가 되어 자신들의 삶을 영적인 관점에서 보고 찾도록 만들었다. 왜 내가 이런 고통을 받아야 하는가를 알고 싶어 하고 교회 안에서도 안정을 찾지 못하고 근심과 걱정을 가슴에 안고 불만을 토로하고 있다. 그리고 자신의 생활 속에서 하나님에 대한 생생한 경험을 교회 안에서 나눌 수 없다고 괴로워한다.

셋째, 사람은 모두 본질적으로 종교적인 존재이기 때문이다. 다시 말하면, 모든 사람은 삶의 의미를 깨닫고 삶의 목적을 알게 해주는 초월적인 근원에 대해서 끊임없이 갈망하고 있다. 위에서 언급한 문화적이며 개인적인 원인은 인간의 이러한 기본적인 종교에 대한 갈망을 더욱 자극하여 영적인 어떤 것에 관한 관심을 강하게 불러일으키고 있는 것이다.

모든 가치를 물질적인 기준으로 판단하는 바쁜 현대생활에서 참자아를 상실한 모습으로 살아가기 때문에 사람들에게 잃어버린 자신의 참자아를 찾는 일은 중요하다. 그러나 대부분의 사람은 무엇인가 허전하고 영적인 목마름을 느낀다. 머리로만 생각하고 기도하는 것이 아니라 하나님이 주신 모든 감각으로 하나님의 말씀을 듣고 응답하는 능력을 향상시키는 것이 중요하다는 것을 알고 있으면서도 이성적이며 논리적이고 분석적인 삶이 더 효과적인 삶이라는 학습에 기인하여 그렇게 하기가 쉽지 않다.

이런 현실 가운데 하나님과의 깊은 대화와 사귐을 통해 얻는 응답까지도 수많은 정보의 홍수속에 흘려버리는 실수를 최소화하는 것이 중요한데 그런 의미에서 영적 지도는 참자유와 평강을 얻는 데 큰 도움을 줄 수 있다. 왜냐하면, 자기중심적이며 주관적인 관점에서 벗어나서 보편적이고 객관적인 눈으로 사물을 보고 판단하는 능력을 길러주기 때문이다. 즉 자신의 좁은 생각에서 비롯된 다른 사람들에게 대한 편견과 오해를 바로잡아 다른 사람들과의 관계성을 건강하게 향상시켜준다. 그리고 자신만의 관점에 세계에서 벗어나 현실을 있는 그대로 솔직하게 인식하고 받아들이는 데 도움을 준다.

결국, 예수 그리스도의 장성한 분량(엡 4:13)까지 자라가는 데 아주 유용하다. 현재 우리의 삶은 일목요연하게 짜인 일정, 깨끗하고 품위 있는 옷차림과 생활양식, 그리고 여러 면에서 형식을 중요하게 강조하여 삶을 너무 강박적이고 경직된 모습으로 살아간다. 그래서 우리 생활의 내면성과 유연성, 부드러움과 자발성을 발전시키지 못했을 뿐만 아니라 하나님이 새롭게 다가오셔서 우리에게 들려주시는 삶의 지혜를 주는 음성을 듣지 못했다. 이런 현실을 극복하기 위해서 영적 지도는 우리 신앙생활에서 아주 필요한 영역이다.

여기서 영적 지도가 무엇인지 구체적으로 알아보자. 영적 지도는 사람에 따라 각각 조금씩 다른 의미를 가리킬 수 있다. 그러나 보편적으로 '성스러운 듣기'라고 말한다. 신뢰의 관계를 가지고 한 사람이 다른 한 사람의 삶의 이야기를 성령 하나님이 함께 해주시는 귀를 가지고 동행하여 진지하게 들어주는 일이다.

많은 사람이 영적 지도를 새로운 것이라고 여기고 지도나 지도자라는 말의 사용을 상당히 싫어한다. 하지만 전통적으로 '지도자'라는 말은 신실한 하나님을 가리키고, 영적지도자는 사람에게 찾아오시는 하나님의 인도하심을 발견하고 깨닫도록 도와주는 사람이다. 이 영적 동행과 우정으로서의 영적 지도는 수세기 동안 전해 내려오는 중요한 기독교 전통인데, 영적인 훈련 모형의 하나로서 영적 지도를 통해 사람들은 예수 그리스도의 온전성을 추구해 왔다. 그들은 예수 그리스도 안에서 지혜를 얻고 하나님과 함께 한 그리스도 예수의 발자취를 존경하고 따르려는 태도를 가지며, 또 하나님의 음성과 행하심을 보고, 듣고, 받고, 느끼면서 하나님의 온전한 응답하심을 경험한다.

어떤 사람들은 영적 지도와 심리상담을 같은 일로 혼동하는 경우가 있는데, 이 둘은 심리학적인 내용은 공유할지라도 그것의 목적과 과정에서는 아주 다르다. 영적 지도는 하나님과 깊은 친밀감을 형성하면서 참자신의 목적을 깨닫고 자신을 기쁘게 받아들이는 데 도움을 준다. 그래서 피지도자가 자신의 삶의 이야기를 자연스럽게 끌어내는 데 도움을 주어 스스로가 자신의 이야기를 나눔으로써 치유와 성숙, 그리고 통합과 변형을 경험하여 자신을 있는 그대로 받아들이게 된다. 또한, 영적 지도는 언제나 기도와 영적 사귐의 현장이다. 그리고 영적 지도에서 분별은 중요하다. 그 분별은 하나님의 성소로 함께 걸어가는 두 사람의 친밀한 관련성을 근거한다.

그러나 심리치료는 임상적인 간격, 혹은 거리가 있는 것이 중요한데, 그 이유는 객관성과 일정 시간 안에 가시적인 치료 효과를 얻어야 하기 때문이다. 사람들은 수치심을 느끼는 일이나 죄책감, 학대, 남용, 자격지심 등이 있을 때 그런 것들을 바로 잡기 위해 목회 상담을 받는다. 다시 말하면, 우리가 살면서 겪는 위기가 우리에게 심리치료 및 상담을 받게 한다. 그런데 영적 지도는 그런 것들을 의도적으로 바로 잡기 위해서 애쓰지 않는다. 다만 피지도자들이 그것들을 잘 주목하고 자각하도록 도와주어 피지도자 스스로가 그것들을 통해서 자신을 새롭게 발견하고 더 깊이 하나님과 사귐의 자리로 나아가게 한다. 그리고 영적 지도에서 중요한 전제는 모든 사람이 비록 다양한 문제나 위기가 있고 상처투성이일지라도 이미 하나님의 사랑받는 온전하고 존귀한 존재라는 것이다.

영적 지도에서 지도자는 피지도자의 삶의 내면 깊은 곳의 흐름을 듣는다. 그래서 피지도자가 성령 하나님과 깊이 인격적으로 만나도록 해주고 새롭게 자기를 발견하게 해준다. 영적 지도자들이 해야 하는 중요한 질문은 하나님께서 이 삶의 경험 어디에 계시냐 라는 것이다. 영적 지도에서 지도자는 하나님과 피지도자의 관계성을 인위적으로 창출하는 것이 아니라, 피지도자가 하나님과의 관계성을 스스로 새롭게 형성하도록 단순히 촉진해준다. 그런 결과로 피지도자는 하나님과 관계가 더 깊어지고 더욱 인격적으로 건강하고 성숙한 면모를 갖추게 된다.

누가 영적 지도의 피지도자가 될 수 있는가? 하나님을 향한 그리움과 열망이 있는 사람들이 영적 지도를 받으러 올 수 있다. 자신의 삶의 의미를 이해하고 삶을 바로 분별하고 내가 어디로 가고 있으며, 어떻게 온전한 삶을 살 수 있을까를 고민하면서 영적 지도를 받으러 온다. 그리고 사람들은 영적 지도를 통해 어떤 잃어버린 것, 배고픔으로부터 풍요한 삶을 살 수 있다는 가능성을 보게 된다. 피지도자는 영적 지도자를 잘 만날 때, 하나님에 대한 내적인 그리움·갈망·배고픔이 가시적으로 해소된다. 그렇다면 이런 하나님에 대한 열망을 느끼는 사람들이 어떻게 영적 지도자를 잘 만날 수 있을까? 존경하는 영적인 삶을 살아가는 사람일지라도 그 사람이 하나님과 동행하며 사는 모습이 있다면 가능하다. 영적 지도자는 단순히 훈련으로 만들어지기보다는 천성적으로 하나님이 주신 은사를 지닌

자들이다. 먼저 은사를 깨닫고 전문 훈련을 통해서 온전한 영적 지도자가 될 수 있다. 이것이 영적 지도를 기름지게 하는 데 매우 중요하다. 영적 지도를 경험한 사람들은 내적인 평화와 평온한 삶의 바른 방향, 삶의 선택에 대한 신비감과 경외감을 갖고 살게 되는 열매를 맺게 된다. (임상필, 2007)[75)]

2. 사회 통합을 위한 역할

최근 정부 역할의 한계와 개념 범주의 변화에 따라 '거버넌스(governance)'라는 새로운 개념이 드러나고 있다. 정부는 공식적이고 제도적인 권력 기관이지만, 거버넌스에는 사회적 합의에 따라 혹은 합치를 위한 노력으로 일어나는 활동과 역할을 의미하는 개념이다. 거버넌스는 국가, 시장, 시민사회의 기능과 역할, 그리고 이들 상호 간의 관계변화를 통해 새로운 제도와 가치 체계를 창출하기 위한 기제이다. 거버넌스는 적용규모에 따라 기존의 국민국가체제를 뛰어넘는 초국가적 이슈나 문제를 단일주권에 기반을 둔 통치권이 없이 통치하는 지구적 거버넌스와, 국경을 가로지르는 인접 지역 간의 협력 체계를 모색하는 지역적 거버넌스가 있다. 그리고 정치적 분권화와 경제의 세계화 흐름 속에서 지방이 중요한 정치, 경제적 장소로 주목받음에 따라 지방과 도시단위에서의 자율적 문제 해결을 위한 관리 기제로 모색되는 지방적 거버넌스 또는 도시 거버넌스

75) 임상필, 2007, 「북한이탈주민 성도들을 위한 목회적 돌봄(Pastoral Care) - 영적 지도(Spiritual Direction) - 」『둘, 다르지 않은 하나 - 북한이탈주민 선교의 과제와 전망 - 』, (한민족평화선교연구소 편), 한들출판사.

로 구분할 수 있다.

최근 거버넌스는 정부의 역할로서 처리하기 힘든 영역에 대해서 민간단체를 포함한 다양한 사회조직 간의 네트워크를 통해 풀어가고자 하는 노력을 활성화시키고 있다. 그래서 '정부에서 거버넌스(from government to governance)로'라는 표현이 자주 등장한다. 거버넌스의 가장 중요한 특징은 중앙정부, 지방정부, 정치적 · 사회적 단체, 비정부기구, 민간조직 등의 다양한 구성 기관으로 이루어진 네트워크라는 점이다. 이처럼 다양한 구성 기관으로 이루어졌으면서도 참여 구성 기관 간에는 상호 독립적인 특징을 지닌다.

정부가 포함된 경우라고 하더라도 정부가 주도한다거나 우위의 기관으로 군림할 수 없다. 다만, 중간에서 조정자의 역할 정도에 그친다. 최근에는 거버넌스의 활발한 작용으로 한 국가사회 안에 역할 분담과 균형 있는 힘의 작동에 유리한 국면이 펼쳐지고 있는 것이 사실이다. 정부 단독으로 할 수 없었던 다양한 문제를 사회의 여러 구성 기관(조직)이 함께 동참함으로써 사회의 자기조향 능력이 증대되고, 공동규제와 공동조향, 공동지도 등의 결과물을 얻는 방향으로 가고 있다.

이런 시점에 교회도 뉴거버넌스(new governance)[76]의 역할을 감당해야 할 시점에 놓여 있다. 특히 사회의 소외된 영역과 대상을 향한 대사회적인 역할이 어느 때보다도 절실한 때이다. 이런 맥락에서 북한이탈주민과 관련하여 교회가 보여주어야 할 역할은 언제나 존재한다. 국가 사회 안에서 각 계층의 인권과 관련된 사안에 대해서 여러 기독교 민간단체와 조직이 윤리적 측면에서 그동안 나름의 역할을 해왔던 것은 사실이다. 그리고 이러한 역할은 좌우 입장을 넘어서 교계의 대사회 참여적 역할로서 당연히 확대되고 확산하여야 한다고 본다. 이제는 교계 각 기관이 뉴거버넌스 관점에서 제도적인 장치 마련을 위한 적극적인 태도 표명과 역할 담당을 감행하여야 할 시점에 와 있다.

교회는 사회 구성의 중요한 일원이자 동시에 대사회적 책임을 지닌 존재이다. 이런 맥락에서 사회 통합을 위한 노력에 힘을 기울여야 할 필요가 있다. 그런 노력의 하나로 북한이탈주민이 거주하는 주요 지역의 교회가 연합적인 형태로 지역의 북한이탈주민에 관한 다양한 문제점을 구체적으로 펼쳐 내어 문제의 원인을 함께 찾아가는 실천적 노력이 필요하다. 단순히 온정주의적인 지엽적 지원으로 그치지 말고 구조적, 제도적 차원에서 문제의 근본 원인을 처리해

76) 뉴거버넌스는 시민사회를 정부의 활동 영역에 포함시켜 새로운 파트너로 인정함으로써 정부조직, 기업, 시민사회, 세계체제 등 이들 모두가 공공서비스와 관련하여 신뢰를 통한 네트워크(연계, 상호작용)를 구축하는 것을 강조하면서 시장논리보다는 협력체제를 강조하는 것을 말한다. 뉴거버넌스의 목표는 정부부문과 민간부문 및 비영리부문 간 협력적 네트워크를 통한 공공서비스 전달과정에서의 효율성과 효과성을 제고하는 것이다.

나갈 제도 마련을 위해 그 정확한 실태 파악과 이에 따른 논의의 장이 준비되어야 한다. 논의의 장 필요성은 북한이탈주민의 기본적인 인권을 위한 길일 뿐 아니라 지역사회, 나아가 전체 남한 사회의 사회적 통합을 위한 길이기도 하다. 그런데 순수하고 긍휼 많은 일부 목회자를 제외한 대부분 교회는 자신들과는 상관없는 일로 이를 외면해 왔다. 그들의 불만과 고통은 사회 통합에 결코 좋은 결과를 가져올 수 없다.

이제는 근본적인 문제점을 드러내고 함께 공감대를 형성할 만한 논의의 장이 필요하다. 물론 그동안 몇몇 기독교 윤리를 다루는 관계기관에서 학문적 논의를 해 왔던 것이 사실이다. 그러나 이런 논의들은 그저 학계의 울타리를 벗어나지 못했다. 이제는 그들을 포함하여 범교회적인 참여가 필요하다. 따라서 지역 교회 연합체들이 솔선하여 이런 논의의 장을 펼치는 것이 요청된다. 논의의 장이 마련되면 여기서 토론되고 연구된 많은 문제점이 공개적으로 사회적 논의거리로 확산하고, 국민 여론을 통해 정부 기관에 영향을 주어 제도적 변화의 실마리를 찾을 수 있게 된다. 모든 제도적 장치 마련은 이처럼 실제적인 문제점이 많은 사람에게 공감대를 얻음으로써 가능해진다. 이런 사회적 문제의 중심에 교회가 앞장서는 것은 '복음의 사회적 책임'이라고 하는 기독교적 사명과도 관련이 있다. 따라서 이 영역에 대한 각 교회와 지역 교회 연합체의 지속적이고 적극적인 노력이 절실히 요청된다.

논의의 장을 마련하는 동시에 교회가 준비할 수 있는 또 하나의 장은 교육의 장이다. 사회 통합이라는 것은 단지 구조적 · 제도적 장치를 마련하는 것으로 그치지 않는다. 동시에 인식의 전환을 위한 교육적 노력도 동반되어야 한다. 인식의 변화를 전제하지 않은 사회의 변화란 가능하지 않기 때문이다. 물론 일차적으로 목회자들은 각 지역 교회의 강단을 통해 북한이탈주민에 대한 올바른 인식을 심어 줄 수 있다. 그러나 이것은 초보적인 일이다. 오히려 강단에서는 교육적 인식 변화를 위한 방향 제시를 소개하고, 지역 교회 연합체가 연합적 사업으로 지역 공기관의 지원을 받아 지역민을 위한 교육의 장을 마련하는 일이 필요하다. 즉 지역민의 인식 변화의 중심에 교회가 주체자로 앞장서야 한다.

이를 위해서 교회는 북한과 북한이탈주민 상황 정보에 대한 정확한 인지가 필요하고, 목회자들을 대신해서 이런 방향의 일을 추진해 나갈 준비된 전문인들을 교회의 일원으로 확보하는 작업도 뒤따라야 할 것이다. 또한, 단일 교회가 감당하기에는 쉽지 않기 때문에 지역 교회 연합체가 공기관의 지원을 받을 수 있는 계기를 마련할 필요도 있다. 실제로 지역 관공서의 사회복지담당 부서에서는 지역의 북한이탈주민 문제를 놓고 사회적 인식 변화를 위해 지역사회의 여러 기관과 공조해야 할 필요성을 절감하고 있다. 사회 인식 변화에서 정부 관련 기관의 노력만으로는 힘에 벅찬 한계 영역이 있음을 인정하는 것이다. 따라서 지역 교회 연합체가 공공기관과의 적극적인 접촉을 통해 사회적 인식 변화와 사회 통합을 위한 노력을 공조할 수 있을 것이다. (박주현 외, 2011)[77]

77) 박주현 · 최덕경, 2011, 『다문화사회의 이해와 실천』, 창지사.

3. 선교를 위한 역할

북한이탈주민 선교는 세계교회협회(WCC)의 타종교/다른 이데올로기를 가진 사람들과의 대화 지침을 참고해야 한다. 대화에 참석하는 사람들은 종교 공동체와 이데올로기 사이에 정치적 권력이 영향을 주는 것에 주의해야 한다. 대화의 상대방에 대해 거짓된 이미지를 제시하는 것은 십계명의 아홉 번째 계명인 "네 이웃에 대해 거짓 증거하지 말라."는 계명을 위배하는 것이 된다. 대화는 상호 신뢰와 참여자의 정체성에 대한 상호존경에 근거하기 때문이다.

신앙적으로 보수든 진보든, 정치적으로 반북이든 친북이든, 북한이탈주민으로부터 북한이나 탈북과정의 진실을 들으려 할 때 각자가 듣고 싶어 하는 것을 북한이탈주민에게 듣기 위해 분위기를 유도하거나 강요해서는 안 된다. 왜냐하면, 이렇게 하는 것은 북한과 북한이탈주민에 대한 거짓 증거를 강요하는 셈이 되기 때문에 십계명의 아홉 번째 계명을 위반하게 된다. 남한 그리스도인들은 북한이탈주민이 하여금 북한을 '지옥'이나 '천국'이 아니라, 있는 그대로 진술하도록 격려해야 하고 그렇게 들을 준비를 해야 한다.

이러한 지침에 의하면, 남한의 그리스도인들은 북한이탈주민과의 만남에서 그들의 정착 기간 일종의 판단 정지가 필요하다. 그들의 예측 불가능한, 돌발적인, 우리의 기대를 저버리는 그 어떤 행위라도 참고 기다려야 한다. 복음을 먼저 받은 우리의 모습도 이러한데 하물며 아직 복음을 받아들이지 못하거나 믿음이 연약한 형제·자매들이 이 땅에 적응하지 못한 상태에서 보여주는 많은 시행착오의 과정을 그리스도인들이 감당하지 않으면 누가 그 십자가를 지겠는가? 라는 태도로 받아들여야 할 것이다. 성령께서 저들을 고쳐주

시고 그리스도 안에 있는 새 사람으로, 하나님의 자녀로 만들어 주실 것을 믿고 기다려야 한다.

북한이탈주민 선교는 문화 차이를 이해하고, 그것을 극복하려는 타문화권 선교가 되어야 한다. 그동안 남과 북은 물론 남한 사람과 북한이탈주민 사이에서도 서로를 알고 이해하려는 진지한 노력 대신에 '서로가 만든 가상의 틀 속에 상대방을 집어넣고' 대화 아닌 독백을 하고, 만남이 아닌 일방적인 접촉에서 내가 보고 싶은 것만 보고, 듣고 싶은 것만 듣고, 말하고 싶은 것만 말하지 않았는지 반성해야 한다. 정부 차원의 통일 방안은 진정 상대방을 향했다기보다는 대내적 효과를 노린 경우가 많았고, '의사소통 의지가 없이 의사소통 형식만을 빌린 담론'이었다고 지적할 수 있다. 6 · 25전쟁은 북한주민에게 '심리적 자폐증후군'이라 할만한 전쟁맞춤식 체제가 지역에까지 뿌리를 내리게 했고, 이것이 이후에 대남 적대감정의 사회구조로 이어졌다. (조용관 외, 2002)[78]

그러나 분단으로 말미암은 이러한 왜곡된 체제는 북한에만 있는 것은 아니다. 남한에서는 반공주의가 일종의 강박관념으로 사람들을 짓누르며, 한편으로는 '공산주의에 반대하는 자유주의 · 자유민주주의의 세계관이면서, 다른 한편으로는 자유민주주의에 대한 일정한 제약을 암시하는 모순적 이념'으로 존재한다. 반공주의가 확산되어 일상적 영역에 깊게 스며들어 모든 비판적 사고를 반공주의의 대상으로 확장하게 되었다. 근대사회에서는 감시와 처벌의 규율 확산을 통한 불평등의 재생산과정이 존재하는데 우리와 같은 분단체

78) 조용관 · 김병로, 2002,『북한 한걸음 다가서기』, 예수전도단.

제에서는 '감시와 처벌'의 규율 이외에 반공주의와 같은 '분단규율'이 존재한다. (권혁범, 2000)[79]

따라서 북한이탈주민 선교는 상대방의 문화를 서로 이해하고 언어적으로 적응하는 것을 넘어서서 서로를 억누르는 심리적 자폐증후군이나 강박관념으로서의 반공주의 등을 극복하고 분단의 언어를 탈분단의 언어로 전환하도록 노력해야 한다. 신학적으로는 북한이탈주민과 남한 그리스도인 모두를 짓누르는 귀신의 정체를 찾아내어, 예수 그리스도의 이름으로 한반도에서 좇아내고, 분단의 언어를 성령을 통해 탈분단의 언어로 전환하여 남과 북을 넘어서서 새 사람/민족(에베 2:15)을, 새로운 문화적 주체를 형성하고 이 땅에 하나님의 나라를 이루게 하는 데 참여하는 것이 북한이탈주민 선교의 중요한 과제라고 하겠다.

북한이탈주민 선교는 북한 선교로 보기보다는 사회적 소수자 선교로 보아야 한다. 북한이탈주민 선교를 북한 선교로 보기 위해서는 과연 북한이탈주민이 북한 사람을 대표할 수 있는가 하는 문제에 대답할 수 있어야 한다. 소수자 선교는 타문화권인 북한이탈주민을 일방적으로 남한 사회에 정착시키는 동화주의가 아니라 다문화주의 선교가 되어야 한다.

북한이탈주민을 사회적 소수자라고 보는 것은 북한이탈주민이 출신지 · 언어에 의해 식별되고, 숫자도 적을 뿐 아니라 북한의 학력이나 경력도 거의 인정받지 못해 정치적 · 사회적 · 경제적 권력에서

---

79) 권혁범, 2000,「반공주의 회로판 읽기 - 한국 반공주의의 의미 체계와 정치 사회적 기능 -」『 탈분단 시대를 열며 - 남과 북, 문화 공존을 위한 모색』, (조한혜정, 이우영 편), 삼인.

절대적으로 열세하기 때문이다.

또한, 북한이탈주민이라는 사실이 알려지면 남한 사람들의 대하는 태도가 달라지고 취업이나 심지어는 아르바이트에서도 차별대우를 받는 집단이며, 다양한 차별을 받음으로 북한이탈주민들끼리 조직이나 회합을 갖고 있기 때문이다. 북한이탈주민 선교를 사회적 소수자 선교라고 보는 것은 북한이탈주민을 북한 선교라는 원대한 목표를 위한 도구적 가치만을 지닌 존재로 보지 않기 때문이다. 북한이탈주민 선교는 남한 사회에서 사회적 소수자 집단으로, 자신의 정체성을 인정하면서도 복음으로 그것을 넘어서서 다른 소수자들과 연대하여 다수자의 변화를, 남과 북의 상호변화를 일으키는 것을 목적으로 삼는 것이 더욱 바람직하다고 보기 때문이다. 사회적 소수자 선교로서의 북한이탈주민 선교는 타문화권 선교로서의 북한이탈주민 선교를 보완할 것이다. (조용관 외, 2002)[80]

북한이탈주민 선교는 그들이 필요한 것을 알고 생존을 지원하되 섬김과 나눔의 정신 · 사랑으로 해야 한다. 타문화권 선교 · 치유 선교 · 섬김과 나눔의 선교를 하되 그들의 상처가 치유되고 상호 간에 다른 문화를 이해하면서 상당한 기간 북한이탈주민의 변화와 성장을 참고 기다리는 십자가 선교를 해야 한다. 부당한 고난을 사랑으로 감당함으로써 구원을 이루는 것처럼, 십자가의 핵심은 북한이탈주민 선교에 참여하는 목회자나 교인들은 선의의 말이나 행동에 대해 북한이탈주민으로부터 오는 부당한 반응이나 언행을 참고 견디되 사랑과 기도로 인내해야 한다. 그렇지 않으면 북한이탈주민 선교

80) 조용관 · 김병로, 2002,『북한 한걸음 다가서기』, 예수전도단.

에 참여하면서도 뒤로 돌아서서는 그들을 욕할 수밖에 없고 그들의 구원을 이루지 못한다.

북한이탈주민의 신뢰를 얻는 길은 일방적으로 물질을 지원해서는 안 되고, 그들이 필요한 것을 이해해야 하고 지원하되 섬김을 받는 자가 크다는 정신으로, 하나님께 받은 것을 사랑으로 나누는 자세로 지속해서 해야 한다. 그들의 이해할 수 없는 반응까지도 문화적 차이로 말미암은 것으로 이해하거나, 그들의 현재 상황이 어렵기 때문에 오는 것으로 이해하고 감싸주어야 한다.

때로는 알면서도 속아줄 자세로 섬겨야 한다. 북한이탈주민이 과거를 과장하거나 없는 사실을 만들어 말하거나, 약속을 지키지 않거나 자기 편한 대로 바꾸거나, 이런 일이 반복되면 남한 사람들은 대부분 이들을 가까이하려 하지 않는다. 만약 이럴 때 왜 거짓말을 하느냐고 물으면 교회를 나오지 않거나 다시는 만나려 하지 않을 것이다. 이럴 때 선교적 접촉점을 잃어버리므로 설사 거짓말을 해도 계속해서 속아주고 인내할 때 비로소 그들이 진실한 모습을 보인다. 북한에서 살 때 약속을 지킬 만큼 시간에 얽매였던 사람들이 아니기 때문에 우리의 시간관념 잣대를 갖고서 북한이탈주민을 평가해서는 맞을 리가 없다. 탕자를 기다리는 주님의 마음으로 품을 때 언젠가는 그들의 마음이 열릴 것이다.

북한이탈주민 선교는 북한이탈주민과 남한 교인의 협력 속에서 이루어져야 한다. 북한이탈주민 교회도 남한 교회의 지원과 협력을 필요로 한다. 북한이탈주민 선교에 참여하는 남한 교회도 북한이탈주민 그리스도인들의 도움을 필요로 한다. 따라서 바람직한 북한이탈주민 선교는 북한이탈주민 그리스도인들과 남한 교회 사이의 협력 속에서 이루어져야 한다. 북한이탈주민 선교가 북한이탈주민 교인에 의해서 독점되어야 한다는 것은 신앙적으로 아집이고, 문화적으로는 독단이다. 그러므로 북한 선교가 북한이탈주민에 의해 독점되어야 한다는 것은 매우 위험한 발상이다. 북한이탈주민이 잘할 수 있는 분야가 있고 남한 교회가 더 잘할 수 있는 부분이 있겠지만, 결국은 상호협력이 이루어져야 북한 선교도 제대로 된다. 북한 선교를 준비하기 위해서는 훌륭한 북한이탈주민 그리스도인 선교사가 훈련되어야 한다. 아울러 남한 교인이나 사회의 교육을 통한 변화가 동반되어야 한다. 그런 과정에서 남과 북 사이에 상호 변형이 이루어지고, 남이나 북이 아닌 제3의 정체성 찾기가 가능할 것이다.

북한이탈주민 선교는 이러한 방향으로 진행하도록 참여자들에 대한 재교육이 필요하다. 이렇게 하기 위해서는 북한이탈주민 선교 매뉴얼을 만들고, 성경공부 교재나 치유의 모범사례를 발굴해야 한다. 북한이탈주민 선교 매뉴얼에는 선교 목적, 선교 방식, 치유와 상담 방식, 자원봉사자 훈련, 재정 지원, 그리고 주의사항 등을 포함해야 한다. (황홍렬, 2007)[81]

---

81) 황홍렬, 2007,「사회전기를 통하여 본 북한이탈주민 선교의 과제와 전망」『둘, 다르지 않은 하나 – 북한이탈주민 선교의 과제와 전망 -』(한민족평화선교연구소 편), 한들출판사.

에필로그

▲십계명을 손에 든 모세

자료: http://search.daum.net/search?w=tot&DA=UME&t_nil_searchbox=suggest&sug=&sugo=&sq=&o=&q=%EB%AA%A8%EC%84%B8&tltm=1

구약성경 출애굽기에 나오는 모세는 태어나자마자 나일 강에서 죽어야 할 운명이었다. 그러나 하나님의 전적인 은혜로 애굽(이집트) 바로 왕의 딸에게 구출되어 왕궁에서 왕자로 남부럽지 않게 살았다. 그는 왕궁에 살면서 국가경영에 필요한 정치 · 경제 · 행정 · 외교 · 군사 등 모든 학문을 두루 학습하였다. 그렇지만 모세는 어머니 요게벳의 영향으로 자기가 비록 애굽 왕궁에서 왕자의 신분이지만, 자신이 히브리인이라는 사실을 잘 알고 있었다. 40세가 된 모세는 동족인 이스라엘 민족이 심한 노역을 당하는 모습을 보고는 어떤 애굽 사람을 죽였다. 이 일로 말미암아 애굽에서 탈출한 모세는 불평불만이 심각한 백성과 논쟁을 벌이며, 40년 동안 광야생활을 해야만 했다.

시내 산에서 하나님의 명을 받은 모세는 애굽으로 돌아가 바로 왕과 대면하게 된다. 모세는 애굽 최고의 학문을 배웠기 때문에 바로 왕과 대면하면서도 조금도 기죽지 않고 당당하게 그와 맞설 수 있었다. 만약 모세가 애굽의 왕궁생활을 하지 않았다면 그렇게 하기 어려웠을 것이다. 또 그가 왕궁생활만 하고 광야생활을 하지 않았다면 노예근성에 젖어 있던 자기 민족을 이해하기 어려웠을 것이다. 결국, 모세는 하나님의 섭리에 따라 왕궁생활 40년을 마쳤고, 하나님께서는 광야생활 40년 동안 모세를 그들 민족의 지도자로 세워 자기 백성을 인도하게 하셨다. 모세는 유대교 전통에서 가장 위대한 예언자 · 교사로서 추앙받고 있으며, 서방 그리스도교에서는 유대교를 모세교 혹은 모세 신앙으로 일컫는 경우도 있을 정도다. 모세의 영향은 서구 문명의 종교생활, 도덕적 관심, 사회윤리에 이어져 오고 있으며 바로 여기에 모세 불멸의 의미가 있다.

북한이탈주민은 북한에서 상상할 수 없는 어려움 속에서 살아왔고, 남한으로 오는 과정에서도 인격이 있는 인간이라고 할 수 없을 정도의 비참한 삶을 경험하였다. 또한, 이들은 생존을 위한 무한경쟁 속에서 살아남아야 하는 남한 자본주의도 철저하게 경험하였다. 그래서 어떤 의미에서 본다면 북한이탈주민은 모세와 같이 하나님께서 북한 선교를 위해, 통일을 위해 준비시키는 사람이라고 할 수 있다. 언젠가 우리에게 다가올 통일은 특별한 이변이 없는 한 남한 주도로 이루어질 것이다.

통일되면 북한을 통치할 사람은 누구일까? 남한 사람일까, 아니면 북한 사람일까? 우리는 막연히 통일 후 북한을 통치할 사람은 당연히 남한 사람일 것이라고 말하기가 쉬울 것이다. 그런데 이러한 생각은 북한 사람을 제대로 이해하지 못해서 하는 대답이다. 북한 사람들은 경제적으로 어렵지만, 자존심만큼은 대단히 강하기 때문에 남한 사람이 자기들을 통치하는 것에 대해 심한 반발을 할 것이다. 그러면 통일 당시의 간부들이 계속해서 북한을 통치할 수 있을까? 이 또한 가능하지 않을 것은 뻔한 일이다. 왜냐하면, 그들 중 대다수는 악질적으로 북한 주민을 못살게 굴었기 때문에 처벌을 받아야 하기 때문이다.

그렇다면 북한을 통치할 수 있는 사람은 누구란 말인가. 바로 북한이탈주민이 아닐까! 남한에서 차별과 냉대를 받으면서 치열한 자본주의 무한경쟁에서 살아남은 북한이탈주민은 통일 후 북한을 통치해 나갈 중요한 인적 자원이다. 이들은 남북한 체제를 모두 경험하였기 때문에 남북한 사회를 잇는 가교 역할을 할 수 있는 통일의 중요한 인재로 쓰임 받을 것이다.

남북 분단 이후 70년 동안 북한에서는 수많은 영혼이 복음을 듣지 못하고 죽어갔다. 그렇지만 통일 이후에도 이런 상황을 계속해서 보고만 있을 수는 없다. 북한 사람들은 유물사관과 마르크스-레닌주의, 김일성 주체사상으로 무장된 사람들이다. 이런 사람들을 북한 사회와 그들을 제대로 알지 못하는 남한 사람이 북한에 가서 직접 복음을 알리기는 매우 어려울 것이다. 그래서 하나님께서 북한이탈주민을 미리 보내주신 것이다. 예수를 믿는 북한이탈주민과 그동안 탈북자 사역을 한 남한 사람이 함께 북한에 가서 복음을 전하는 것이다.

구약성경 요나에서 보듯이 좌우를 분별치 못하는 12만 명의 니느웨 백성을 불쌍히 여기신 하나님께서 인격이 있는 인간이 아닌 삶을 사는 북한동포를 언제까지나 무심히 그냥 두실 리가 없다. 우리는 "땅끝까지 복음을 전하라."는 예수님의 마지막 지상명령을 수행하기 위해 사도 바울 선생처럼 민족 구원을 위한 뜨거운 마음을 가져야 한다. 우리가 고통 가운데 신음하고 있는 북한동포를 끌어안고 갈 때 하나님의 축복이 임할 것이다.

그러므로 우리는 먼저 남한에 있는 북한이탈주민을 대상으로 기독교복지를 실천해야만 한다. 우리가 그들에게 진정한 기독교복지를 실천할 때 선교가 이루어지는 것이다. 북한이탈주민을 대상으로 기독교복지를 실천하면 그들에게 복음화의 길이 열리고, 이 복음화는 절대 여기서 끝나지 않을 것이다. 통일 후 북한동포를 위한 복음화로 발전할 것이다. 북한이탈주민을 대상으로 한 기독교복지의 실천이 당장 눈에 나타나는 그 어떤 것은 보이지 않겠지만, 그래도 우리는 사도 바울 선생과 같은 생각으로 묵묵히 그 길을 따라가야 할 것이다.

저자 소개

박 주 현

- 백석문화대학교 사회복지학부 부교수, 사회복지학 박사
- 동아대학교 졸업, 백석대학교 성경학 석사와 사회복지학 석사
- 사) 한국가족복지학회 감사, 한국부모교육학회 부회장, 한국코칭학회 상임이사
- 백석대학교 & 백석문화대학교 감사실장
- 서울남부지방법원 협의이혼상담위원(2006. 10. ~ 2014. 12.)

최근 저서와 논문

『다문화사회의 이해와 실천(2판)』(공저, 2016), 『가족과 젠더(2판)』(공저, 2016), 『가족생활교육』(2015), 『여성 · 젠더와 사회』(2015), 『다문화사회와 기독교』(2013)

「가족 건강성, 이성교제 만족도 및 생활 스트레스가 대학생의 심리적 복지감에 미치는 영향」(공저, 한국가족복지학, 2015)

「언론에 나타난 보육교사 이미지에 관한 연구」(공저, 한국가족복지학회 추계학술대회, 2015)

「이용 동기와 자기 통제력 및 사회적 위축이 스마트폰 중독에 미치는 영향」(공저, 디지털융복합연구, 2014)

「병영생활 중 이성과의 이별경험 연구」(공저, 한국군사회복지학, 2014)

「다문화사회와 한국 교회의 역할」(백석대학교 진리논단, 2014)

「북한이탈청소년들의 한국생활 적응에 관한 현상학적 연구」(공저, 청소년복지연구, 2011)

탈북자, 그들도 대한민국 국민?

초판 1쇄 인쇄 2016년 6월 5일
초판 1쇄 발행 2016년 6월 10일

지 은 이 | 박주현
펴 낸 이 | 김기섭
편 집 인 | 박해천
펴 낸 곳 | 창지사 www.changjisa.com
08589 서울시 금천구 가산디지털 1로 83 파트너스타워1차 9층
전화 (02) 719-2211~3
팩스 (02) 701-9386
등 록 | 1977년 4월 28일·제1-421호

ISBN 978-89-426-2332-7(93330)

값 10,000원

이 도서의 국립중앙도서관 출판예정도서목록(CIP)은 서지정보유통지원시스템 홈페이지(http://seoji.nl.go.kr)와 국가자료공동목록시스템(http://www.nl.go.kr/kolisnet)에서 이용하실 수 있습니다.(CIP제어번호: CIP2016014253)